木村彰利

大都市近郊の
青果物流通

筑波書房

大都市近郊の青果物流通　目次

序章　本書の課題と構成……………………………………………………………………… *1*
  第1節　本書の課題…… *1*
  第2節　青果物流通や都市近郊農業に関する研究動向…… *4*
  第3節　本書の構成…… *8*

第1章　東葛飾地域の概要と青果物生産……………………………………………… *13*
  第1節　本章の目的…… *13*
  第2節　地域の概要…… *13*
  第3節　農業の概要…… *18*
  第4節　青果物生産の概要…… *24*
  第5節　青果物の流通形態…… *30*
  第6節　小括…… *32*

第2章　農協を経由させた青果物の出荷対応………………………………………… *35*
  第1節　本章の課題…… *35*
  第2節　調査対象農協と青果物販売の概要…… *36*
  第3節　農協共販による販売対応…… *41*
  第4節　農協の出荷組合を通じた販売対応…… *50*
  第5節　小括…… *61*

第3章　東葛飾地域内市場における個人出荷野菜の流通…………………………… *67*
  第1節　本章の課題…… *67*
  第2節　調査対象卸売業者の概要…… *69*
  第3節　個人出荷野菜の集荷実態…… *73*

第 4 節　個人出荷野菜の分荷実態…… *79*

第 5 節　小括…… *87*

第 4 章　東京都内市場における個人出荷等野菜の流通……………… *93*

第 1 節　本章の課題…… *93*

第 2 節　調査対象卸売業者の概要…… *94*

第 3 節　個人出荷等野菜の集荷実態…… *96*

第 4 節　個人出荷等野菜の分荷実態…… *101*

第 5 節　小括…… *107*

第 5 章　東葛飾地域の野菜生産者における出荷先の選択要因………… *111*

第 1 節　本章の課題…… *111*

第 2 節　調査対象生産者の概要…… *112*

第 3 節　青果物の出荷実態…… *115*

第 4 節　出荷先の選択要因…… *120*

第 5 節　小括…… *124*

第 6 章　東葛飾地域の農産物直売所における青果物等の販売………… *127*

第 1 節　本章の課題…… *127*

第 2 節　農産物直売所の設置状況と調査対象の概要…… *128*

第 3 節　青果物等の集荷実態…… *137*

第 4 節　青果物等の販売実態…… *148*

第 5 節　小括…… *152*

第 7 章　東葛飾地域における果実の庭先直売………………………… *157*

第 1 節　本章の課題…… *157*

第 2 節　果実生産の展開過程と流通上の特徴…… *159*

第 3 節　調査対象生産者の概要とこれまでの経緯…… *160*

目　次

　第 4 節　果実の庭先直売の実態……*167*

　第 5 節　果実の市場出荷の実態……*180*

　第 6 節　小括……*183*

終章　大都市近郊園芸生産地域における青果物流通の展開方向……*185*

　第 1 節　流通形態別の要求事項……*185*

　第 2 節　流通形態別の展開方向……*189*

　あとがき……*197*

序章

本書の課題と構成

第1節　本書の課題

　わが国の農業は、戦後、特に高度経済成長期以降において都市部の膨張に伴う商業地や宅地の造成、工業団地の育成、さらには道路等社会インフラが整備されていくなかにおいて農地の改廃が進行し、同時に農村労働力の他産業への流出を伴いながら縮小を余儀なくされてきたという経緯が存在している。このような傾向は、地域によってその進行の程度に大きな差があるものの、全国的な傾向として展開されてきたということができる。そして、都市の拡大によって生じる諸問題は、都市のスプロール的な拡大の最前線ともいうべき大都市近郊において顕著に発現していると考えられる。しかし、このように都市が拡大していく一方において、チューネン圏を例にあげるまでもなく、都市近郊は都市の人口集積に起因する膨大な消費需要の存在に加えて、輸送距離や輸送時間が短いことも理由となって青果物生産が盛んに行われる傾向があり、労働集約的かつ生産性の高い園芸農業が広範に展開されている場合が多い。

　ここで、わが国の代表的な大都市の例として東京及びその近郊における園芸生産についてみると、都内だけに限らずそれを取り巻く千葉県や埼玉県、神奈川県、さらには茨城県といった周辺諸県において広汎な青果物の生産が展開されている。このうち千葉県と茨城県は野菜の産出額が大きく、京浜地方に対する青果物の一大供給基地となっており、なかでも東京都に隣接する千葉県東葛飾地域はその青果物産出額[1]の大きさから明らかなように、典

型的な大都市近郊園芸生産地域ということができる。そして、同地域の青果物生産は、明治期以降に都市としての東京の成長に歩調を合わせながら拡大してきた[2]ことから明らかなように、同地域における園芸産地としての成長・拡大は、一大消費都市である東京の消費需要をまかなうためにもたらされたものである。

千葉県東葛飾地域の園芸産地としての特徴については第1章で確認するが、ここで簡単にまとめるならば以下のとおりとなる。

第1に、同地域は膨大な消費需要を要する東京都に隣接するとともに、一大野菜生産県である千葉県内においても、野菜産出額の大きい地域となっている。また、野菜生産だけにとどまらず、なしを中心とする果実生産についても盛んな地域である。

第2に、その一方で東京都や千葉地域のベットタウンとして高度経済成長期以降は人口増加が著しく、産地は激しい都市化の進展にさらされながら維持されてきたというように、農業に関しては「条件不利地域」ということができる。このため、農業を継続していくための条件は厳しく、極論を恐れずにいえば、将来的には「かつての産地」となる可能性すら否定できない地域である。

第3に、東葛飾地域は園芸生産地域であるだけでなく、地域内自体に260万人を超える定住人口が存在している。このことは、同地域が大都市近郊であるとともに、捉えようによっては同地域そのものが都市の一部を構成している[3]ということも可能である。このため、同地域内には青果物の生産と消費が混在する[4]という特徴が生じている。

以上のような特徴から、同地域は全国に存在する都市近郊の園芸生産地域のなかにおいても、産地としての歪みや課題が最も端的に発現している地域であると捉えることが可能である。このため、同地域がかかえる産地としての課題の多くは、都市近郊園芸生産地域に共通する課題として一般化することが可能であり、同地域を研究対象として検討することの意義は大きい。

続いて、東葛飾地域における青果物の流通上の特徴については以下のとお

序章　本書の課題と構成

りである。

　第1に、同地域においては全国的な傾向と比較して農協経由率が相対的に低いだけでなく、第2章でみるように農協の取り扱いであったとしても実質的には出荷組合共販や個人出荷であるという出荷形態も多く、同地域の農協出荷を捉え難くする一因ともなっている。さらには、同地域の農協共販は小ロット品の多数分散出荷となっていることから、農協共販が行われていたとしても、必ずしも共販ロットをまとめることによる高価格販売や共同輸送を行うことによる経費削減に結びついていないという問題がある。

　このように農協経由率が低くなる一方で、第2として、同地域においては出荷組合[5]による共販や卸売市場への個人出荷[6]、農産物直売所を通じた販売、生産者自身による庭先直売等というように、多様な方法によって青果物が流通しているという特徴が存在している。このため、生産者は自身の生産品目や生産規模、労働力の保有状況や作業効率、物流環境等といった多様な条件を勘案しながら、最も望ましい販売方法を選択できるという流通環境下におかれている。また、卸売市場への個人出荷に限定しても、東葛飾地域内だけでなく東京都内等の卸売市場への出荷も可能な地域である。

　以上みてきたように、同地域においては生産者の販売方法に関する選択肢は多岐にわたり、多様な流通形態によって青果物の販売が行われるという特徴がある。そして、これらの流通形態は相互に競合し合うだけでなく、一面では役割を補完し合いながら機能するという関係にもあると考えられる。

　ここで視点を変えるが、後にみるように既存の都市農業や都市近郊農業に関する先行研究の多くは、都市近郊農業について土地問題や農業と都市住民との交流といった観点から分析を行ったものとなっている。確かに、都市の農地には高額な固定資産税や相続税が存在していることから土地制度の問題を等閑視できないことは明らかであり、また都市住民に対する農業理解の促進も重要な課題であることは自明である。しかし、都市近郊農業の担い手の大部分は、所得を得ることを目的として日常的な販売活動を行う「出荷者」であることから、生産物の販売・流通といった視角からの分析を行うことも

3

また重要であり、意義があると考えられる。このため、本書においては都市近郊で行われている青果物の流通形態についてそれぞれ検討し、その実態や特徴等について明らかにすることによって、関係する行政機関や農業団体等が地域振興施策を立案・実施していくための知見とするとともに、都市近郊の生産者が有利な販売を実現するための一助とすることを目的としている。

また、このような比較検討をするにあたっては、流通形態ごとに対象となる地域が異なっていたのでは、各地域を取り巻く条件の相違によって単純に相互比較することは難しいと考えられる。このため、分析を行うにあたっては地理的に限定された特定の地域を対象として定め、そこで行われている各流通形態について検討することが必要である。この意味からも、多様な流通形態が展開されている千葉県東葛飾地域を本書の分析対象とすることの意義は大きいと考えられる。

以上のことから、本書の全体を通じた課題としては、大都市近郊園芸生産地域である千葉県東葛飾地域を対象に、同地域で行われている青果物の流通について、その形態ごとに実施した実態調査の結果に基づくとともに、それに関する所与の条件を踏まえながら検討することを通じて、各流通形態ごとの実態や課題について明らかにすることにある。さらには、それらの検討を踏まえて、都市近郊園芸生産地域における青果物流通の展開方向と、今後の対策についても検討を行うこととしたい。

第2節　青果物流通や都市近郊農業に関する研究動向

(1) 市場体系論等の動向

本節においては、これまでの青果物流通研究の動向について概観するとともに、このような研究動向のなかにおける本書の位置付けについて確認したい。

わが国の青果物流通は、近年は経由率が低下しつつあるものの現在に至るまで卸売市場流通によって大宗が担われてきたという経緯があり、このため

卸売市場体系論に関しては長年にわたる研究蓄積が存在している。このうち主要なものとしては、比較的早い段階で「集散市場体系論」を提唱した山口［18］の研究があり、その後、地方都市における市場整備を踏まえて「全国広域市場体系論」を論じた藤島［11］の研究や広域大量流通と地場流通との均衡を唱えた御園・宮村［15］等の研究が展開されている。また、青果物流通における情報化の進展を背景として、細川［14］は「情報主導型総合市場体系論」を提起している。

小売段階において最大のシェアを持つに至った大規模小売企業に焦点を当てた研究としては、坂爪［4］がある。同研究においては、1980年代中庸以降において大規模小売企業が青果物流通に対して与えた構造変動について明らかにされている。

また、大阪府を事例として、都市の成長に伴う青果物流通の変容動向について歴史的な視点から分析を行ったものとしては、澤田［6］と樫原［2］の研究をあげることができる。特に、前者では大阪府の青果物流通構造の特徴として、大規模な中央卸売市場によって形成された流通構造の下に、中小の地方卸売市場による流通構造が存在するという重層性が指摘されており、このような構造は本書で検討する千葉県東葛飾地域にも共通するものである。同じく大阪府を事例とした研究としては小野・小林［1］があり、同書では青果物流通を集荷構造と分荷構造の双方から検討するとともに、それを踏まえて流通再編と卸売市場の機能変化について考察が行われている。

上記以外の研究としては、宮村［16］や日本農業市場学会［8］等において、青果物等の卸売市場流通に関して各流通段階における論点ごとの検討が行われている。

以上みてきたように、青果物流通研究の中心テーマである市場体系論等には膨大な成果があるものの、その系譜は基本的に卸売市場流通について、産地と卸売市場、さらには小売業者というような垂直的な関係、または主要市場と周辺市場との関係性に中心軸を置きながら展開されてきたものである。

(2) 地場・地域流通論の動向

　青果物流通に関する地場流通や地域流通について論じた研究蓄積としては、藤島・山本［12］や藤田［13］をあげることができる。

　このうち藤島・山本［12］の研究については、生産者と消費者の利益を拡大しながら小規模野菜産地を維持・育成していくために、西日本における事例分析を通じて地域流通システムの形成方法について解明し、その具体策を提示することを目的として行われたものである。そして同書の特徴は、「地域流通」と「地場流通」についての定義を定めることによって明確に区分[7]しているところにあり、このうち「地域流通」については6事例、「地場流通」については2事例が取り上げられている。そして、地場流通については、「一定の地域を範囲としたシステム化がなされていないために、大産地の広域流通のなかに飲み込まれて消えていきつつある[8]」ことが指摘されている。

　また、藤田［13］の研究は、大阪府内に存在する中央卸売市場や地方卸売市場に対する実態調査だけでなく、産地や小売店等を対象に実施した調査の結果を踏まえて、現段階における地方卸売市場の存立構造と今後の展開について展望することを目的として行われたものである。また、同書の補論においては朝市・直売所の展開についても検討がなされている。そして同研究においては、従来は中央卸売市場と相互対抗的に捉えられがちであった地方卸売市場について、中央卸売市場の機能を利用しながら固有の地場流通機能を充実させることで経営存続が模索されている[9]ことが指摘されている。

　以上、地域・地場流通の既存研究についてみてきたが、前者については数府県に分散する地域流通や地場流通の事例について検討したものであり、後者については大阪府を事例に主として地方卸売市場における集・分荷構造について検討したものということができる。

(3) 都市農業論等の動向

　本書の分析対象は大都市近郊の園芸生産地域であることから、都市農業や

序章　本書の課題と構成

都市近郊農業に関する主な先行研究についても確認しておきたい。

1985年の段階において、地域農業の都市化対応について実証的に分析したものとして持田［17］の研究がある。同研究においては、都市化した農業の態様を首都圏、工業開発地域、大規模開発地域に分けて、それぞれ事例をあげて農業経営学の視点からの分析が行われている。

農業者と非農業者との交流が深化しつつあるとの認識に立って、都市農業の展開について農地の市民的な利用という観点からまとめたものに後藤［3］の研究がある。同研究では都市農業の現状や改正生産緑地法が都市農業に与えた影響、都市農地の市民的利用の事例分析や農地保全への検討が行われている。

関東・東海・近畿という大消費地中核地帯を事例として、都市住民と農業経営者との多様な交流・連携を「共生農業システム」の柱の一つとして捉えることによって、大都市近郊農業の可能性や展望について検討したものが平野［10］の研究である。同書においては、大規模水田経営や集落営農再編、市民参加型農業等について、主として農業経営学的な視点からの検討が行われている。

都市農業に関する啓発書として取りまとめられたものとしては蔦谷［7］がある。同書では、都市部の農地減少は法律や税制のあり方による影響が極めて大きいことから関係法制度の変遷や制度の課題等について検討するとともに、都市住民からみた都市農業、農政や国土計画との関係、都市農業維持のための課題等について検討が行われている。

以上、主要な都市農業や都市近郊農業に関する研究についてみてきたが、既存の研究は土地等の法制度や都市住民との交流といった観点からの分析、及び経営学的な分析が中心であり、流通面からのアプローチは手薄であった[10]ということができる。

（4）本書の位置付け

本節においては本書と関連性の深い主要研究蓄積についてみてきたが、そ

れを概括すれば以下のとおりとなる。市場体系論等については卸売市場流通を対象に、産地－市場－小売業者の関係性や市場間の関係性について明らかにすることを主軸として展開されている。地場・地域流通論については、特定の地域を事例として取りあげて、そこで行われている流通形態について並列的に比較検討するという視角からの研究は手薄である。また、都市農業論等については法制度面や農業と都市住民との交流といった観点から述べられることが多く、流通面からの分析は決して多くはない。以上みてきたように、本書のように特定の地域で行われている流通形態について並列的に比較検討する[11]というアプローチはこれまで行われておらず、本書は青果物流通研究における新たな分析手法についての試みとしても意義があると考えている。

第3節　本書の構成

　本章の最後として、本書の構成について概観すると以下のとおりとなる。
　第1章においては、本書の各章において販売形態ごとの検討を行うための前提として、千葉県東葛飾地域の概要や青果物生産の現状、そして同地域において行われている青果物流通の形態について確認を行う。
　第2章では、東葛飾地域における農協の設置状況やこれら農協において行われている共販の実態、さらには同地域において特徴的な、商流については農協を通しているが、実質的には出荷組合による出荷となる流通の実態について検討する。
　第3章では、東葛飾地域内の青果物卸売市場における個人出荷野菜の流通実態について検討するとともに、これら地域内市場における地場産野菜の位置付けについて明らかにする。
　第4章では、東葛飾地域からは個人出荷や出荷組合を通じて東京都内の卸売市場に対する出荷が盛んに行われていることから、都内の中央卸売市場における個人出荷等によって出荷された野菜の流通実態について検討するとともに、個人出荷等を通じた都内市場と同地域との関係について検討する。

第5第では、第2章及び第3章において検討した流通形態について出荷者の視点からの検証を行うために、同地域で野菜の市場出荷を行っている生産者を対象として、野菜出荷の実態や出荷先市場の選択要因等について検討を行う。

　第6章では、東葛飾地域内に設置された農産物直売所における青果物等の流通実態について検討するとともに、直売所が地域農業の活性化に果たしている役割について明らかする。

　第7章では、東葛飾地域の果実販売においては、生産者が自身の敷地内等に設置した直売店舗を通じた対面販売や通信販売が中心的であるという特徴があることから、このような果実の庭先直売の実態について明らかにするとともに、同販売方法が広範に成立した要因について検討を行う。併せて、果実の出荷組合を通じた市場出荷の実態や果実販売における市場出荷の位置付け等についても検討する。

　そして、終章では本書において行った流通形態ごとの検討を踏まえて、大都市近郊園芸生産地域における青果物流通の課題や今後の方向性について考察を行う。

注
1）東葛飾地域の青果物生産等の詳細については、本書の第1章を参照されたい。
2）千葉県野菜園芸発達史編さん会編［9］のpp.335〜341によれば、1888年の段階において千葉県は関東のなかで最も商品農業の遅れた地域とされている。そして、当時は県内の農業産出額の5割以上が米によって占められており、それ以外の綿、藍、菜種、かんしょ等の商品作物はいずれも数％でしかない。しかし、1897年に総武線が成田まで開通し、1898年には常磐線が開通するというような交通インフラの整備によって都内への輸送が容易になるとともに、1917年の東京湾大津波や1923年の関東大震災といった自然災害の発生、さらには1918年の米騒動に伴う野菜高騰等が一因となって、東葛飾地域における野菜生産の拡大がもたらされている。そして、1921年頃には千葉県で生産される野菜・かんしょの約8割が、東葛飾地域と千葉地域の西部で生産されたものによって占められるに至っている。
3）東葛飾地域は都市近郊地域であるとともに、都市そのものと考えることも可

能であることから、本書においてはこれらを厳密に区分せず、同地域の性格についても論述の文脈や論旨の流れのなかで「都市近郊」と「都市」とを使い分けることにしたい。
4) このような特徴が、本書の第6章や第7章で検討するように、農産物直売所や生産者による庭先直売が広汎に行われる一因ともなっている。
5) 出荷組合は、正式な行政用語としては「任意出荷組合」が正しいが、本書においては流通現場において一般的に使用されている「出荷組合」という用語を用いている。その理由としては、本書で扱う出荷組合のなかには「農協の」出荷組合として位置づけられ、必ずしも「任意」とは言い切れない性格のものが含まれていることがあげられる。
6) この場合の個人出荷には、出荷組合や農協名義の出荷であっても実質的には個人出荷であるものが含まれている。
7) 同書の区分方法を本書の分析対象に当てはめた場合、農協による出荷のうちの狭義の農協共販のみが地域流通に該当している。それ以外については、2000年以降に展開された農産物直売所をどのように判断するかという問題はあるものの、これを朝市に準じて地場流通に区分するならば、全て地場流通に区分されるものである。
8) 藤島・山本［12］のp.208による。
9) 藤田［13］のp.126による。
10) 都市農業に関する流通面からの分析については、先述の藤田［13］をあげることができる。
11) 青果物の流通チャネルについて類型区分し、それぞれの類型について理論的な検討を行った研究として佐藤［5］をあげることができる。同書のpp.83～103においては流通チャネルが5つの類型に区分されているが、同区分方法を本書の検討対象に当てはめるならば、「農家・農協主導小売」の区分には農産物直売所での販売と生産者自身が直売店舗で行う果実の対面販売が該当し、「農家・農協主導型宅配産直」の区分には生産者自身が行う果実の通信販売が該当している。しかし、本書で扱う上記以外の流通形態については全て「スポット型卸売市場流通」に分類されるものである。これらのことから明らかなように、本書で検討する流通形態は、いずれも継続性の低い流通チャネルということができる。

引用文献

［1］小野雅之・小林宏至編『流通再編と卸売市場』筑波書房、1997年。
［2］樫原正澄『都市の成長と農産物流通』ミネルヴァ書房、1993年。
［3］後藤光蔵『都市農地の市民的利用　成熟社会の「農」を探る』（現代農業の深層を探る〈3〉）日本経済評論社、2003年。

［4］坂爪浩史『現代の青果物流通―大規模小売企業による流通再編の構造と理論―』筑波書房、1999年。
［5］佐藤和憲『青果物流通チャネルの多様化と産地のマーケティング戦略』養賢堂、1998年。
［6］澤田進一『青果物流通・市場の展開』日本経済評論社、1992年。
［7］蔦谷栄一『都市農業を守る』家の光協会、2009年。
［8］日本農業市場学会編『現代卸売市場論』筑波書房、1999年。
［9］千葉県野菜園芸発達史編さん会編『千葉県野菜園芸発達史』1985年。
［10］平野信之『大消費地中核地帯の共生農業システム　関東・東海・近畿』（共生農業システム叢書第5巻）農林統計協会、2008年。
［11］藤島廣二『青果物卸売市場流通の新展開』農林統計協会、1986年。
［12］藤島廣二・山本勝成編『小規模野菜産地のための流通システム』富民協会、1992年。
［13］藤田武弘『地場流通と卸売市場』農林統計協会、2000年。
［14］細川允史『変貌する青果物卸売市場―現代卸売市場体系論―』筑波書房、1993年。
［15］御園喜博・宮村光重編『これからの青果物流通』家の光協会、1981年。
［16］農産物市場研究会・宮村光重責任編集『問われる青果物卸売市場―流通環境の激変の中で―』筑波書房、1990年。
［17］持田紀治『地域農業の都市化対応』明文書房、1985年。
［18］山口照雄『野菜の流通と値段のしくみ』農山漁村文化協会、1974年。

第1章

東葛飾地域の概要と青果物生産

第1節　本章の目的

　本章においては、第2章以降において千葉県東葛飾地域で行われている青果物流通について流通形態別に検討を行うための前段階として、同地域の概要や農業及び青果物流通の現状について確認する。そして、同地域の青果物を主とする農業生産の動向について時系列的に把握することを通じて、同地域が都市化の進展のなかでどのように変容してきたかについて明らかにしたい。さらには、同地域において行われている青果物の流通形態について区分を行うとともに、これら流通形態と本書での検討箇所との対応関係について確認したい。

第2節　地域の概要

（1）構成自治体と流通環境

　千葉県東葛飾地域は同県の地域区分の一つであり、2010年現在では野田市、柏市、我孫子市、流山市、松戸市、鎌ヶ谷市、市川市、船橋市、浦安市の9市が含まれている。また、最近まで東葛飾地域に関宿町と沼南町が存在していたが、関宿町は2003年6月6日に野田市に編入され、沼南町も2005年3月28日に柏市に編入されている。なお、千葉県の行政上の地域区分については2007年に変更されており、長らく使用されてきた10地域から4地域へと再編されている。本書で対象とする東葛飾地域は新たな行政区分に当てはめるな

図1-1　東葛飾地域の位置

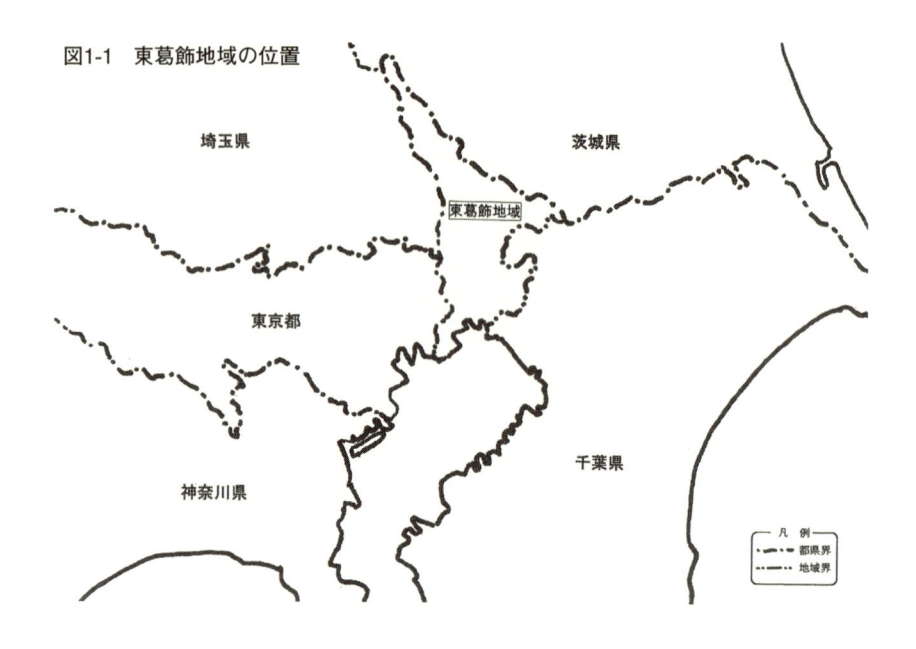

らば「西地域」に含まれることになるが、現在においても一般的にはかつての郡を基準とする10地域の区分方法が用いられていることから、本書においても従来からの東葛飾地域という区分を使用する。

　同地域は、図1-1にあるように千葉県内でも最も東京都寄りにあり、東京都に加えて埼玉県と茨城県の3都県と境を接している。また、同地域の東側は県内の印旛地域と千葉地域に接するという立地環境にある。このように、同地域はその東西を東京都と千葉地域という昼間人口の多い地域に挟まれており、そのベットタウンとなっていることが、後述するように定住人口の増加として現れている。

　同地域の鉄道交通については、市川市と船橋市をJR総武線と京葉線が通っており、両線は東京都内と千葉地域以東とを結んでいる。また、松戸市と柏市、我孫子市をJR常磐線が通っており、東京都内と茨城県以北とを結んでいる。それ以外にも、JR武蔵野線や新京成電鉄、北総鉄道、総武流山電鉄、東武野田線、つくばエクスプレスというように鉄道路線が稠密に敷設されて

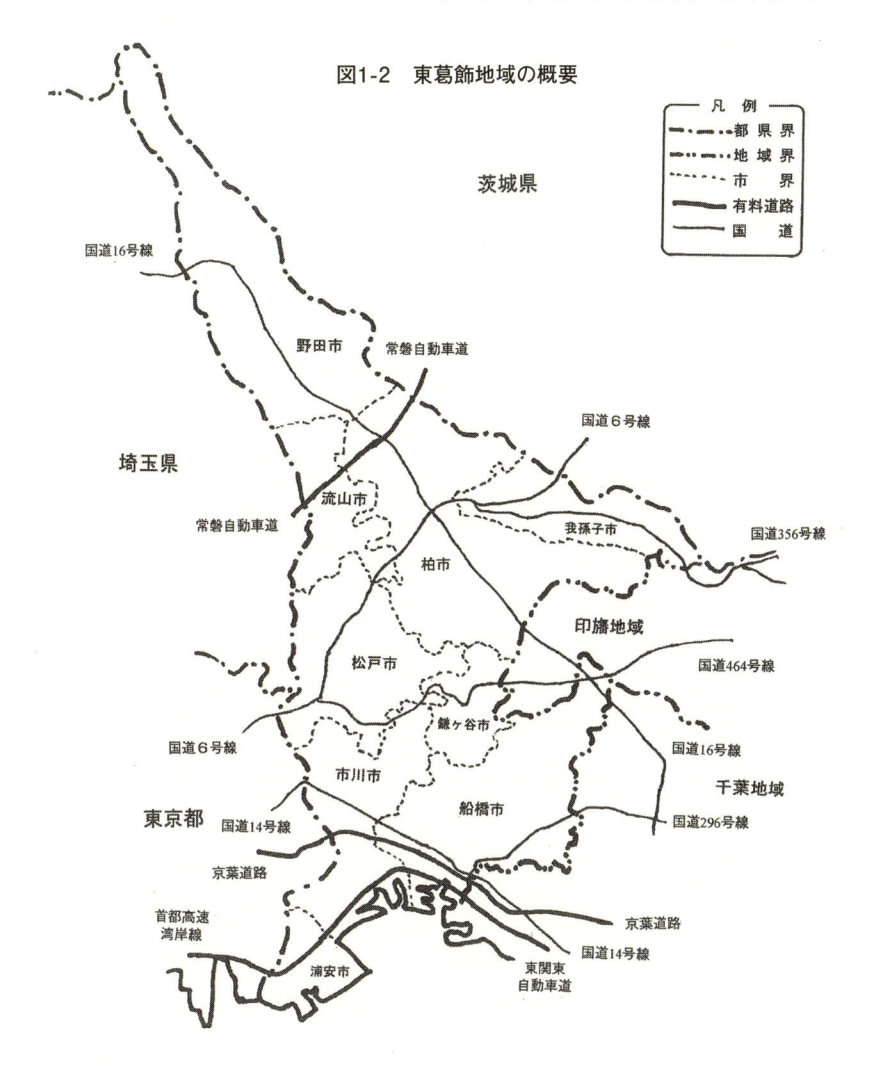

第1章　東葛飾地域の概要と青果物生産

図1-2　東葛飾地域の概要

おり、同地域がベットタウンとなるための一要件を形成している。

　青果物の集・出荷と関連深い物流環境については、**図1-2**にあるように同地域を南北に国道6号線と常磐自動車道が通っており、東西にかけては国道14号線、京葉道路及び東関東自動車道が通っている。このため、同地域は県内各地だけでなく東京都内や茨城県以北ともアクセスが良いなど、比較的物

流環境が整えられた地域ということができる。

(2) 人口等の動態

　前述のように、東葛飾地域は東京都内等との鉄道や道路面でのアクセスが良いこともあってベットタウンとして成長し、**表1-1**にあるように、経年的に人口増加の著しい地域となっている。同表によれば、高度経済成長期の末期にあたる1970年における同地域の人口は125万人でしかなかったものが、1980年には197万人、1990年は234万人、2000年は246万人、直近の2008年になると260万人というように一貫して増加している。これを1970年を基準年とする指数でみれば2008年には207となっており、同期間における千葉県の181や全国の121という数値と比較して、同地域の人口増加がいかに著しかったかは明らかである。

　これを市ごとにみた場合、総武線が通っていることもあって、1970年以前の段階においてすでに都市化が進展していたと考えられる市川市や船橋市の指数については180前後であり、同地域内では比較的人口増加が緩やかである。また、常磐線が通っているうえに1960年代には常盤台団地が開発されるなど、早い段階から人口の増加が進んでいた松戸市においても187というように、1970年以降の人口増加は緩やかである。一方、野田市については都内とのアクセスが悪いという別の理由から、人口の増加は192に抑えられている。しかし、柏市、鎌ヶ谷市、我孫子市及び流山市の指数についてはいずれも200代を示しているように、1970年以降に人口は2倍以上に増大している。さらに、浦安市に至ってはこの間に海岸の埋め立てが進む[1]とともに、1990年3月の京葉線全線の開通等によって宅地開発が進んだこともあって、2008年の人口指数は715にまで増大している。このように、同地域では市によって傾向に違いはあるものの、全国や県計と比較して人口増加の激しい地域ということができる。

　続いて、都市化の進展を図る指標として2007年における人口密度についてみると、**表1-2**の通りである。全国の人口密度は336.2人/km²であるのに対し、

第1章　東葛飾地域の概要と青果物生産

表 1-1　東葛飾地域の人口の推移

単位：千人、人、実数

		1970年	1980年	1990年	2000年	2008年
全国	人口	104,665	117,060	122,745	126,071	127,066
	指数	100	112	117	120	121
千葉県計	人口	3,366,624	4,735,424	5,488,123	5,893,166	6,090,799
	指数	100	141	163	175	181
東葛飾計	人口	1,258,300	1,978,729	2,342,604	2,469,393	2,608,059
	指数	100	157	186	196	207
野田市	人口	80,520	112,753	143,436	151,988	154,302
	指数	100	140	178	189	192
柏市	人口	169,115	272,904	341,465	369,124	385,823
	指数	100	161	202	218	228
我孫子市	人口	49,240	101,061	119,862	127,459	134,552
	指数	100	205	243	259	273
流山市	人口	56,485	106,635	137,317	149,287	156,073
	指数	100	189	243	264	276
松戸市	人口	253,591	400,863	449,573	459,501	473,727
	指数	100	158	177	181	187
鎌ヶ谷市	人口	40,988	76,157	93,568	102,169	105,334
	指数	100	186	228	249	257
市川市	人口	261,055	364,244	422,795	437,481	457,564
	指数	100	140	162	168	175
船橋市	人口	325,426	479,439	524,699	544,910	584,152
	指数	100	147	161	167	180
浦安市	人口	21,880	64,673	109,889	127,474	156,532
	指数	100	296	502	583	715

資料：各年次千葉県農林水産統計年報より作成。
注：旧関宿町は野田市に、旧沼南町は柏市に含めている。

首都圏であるとともに600万人の人口を要する千葉県については1,174.9人/km²となっているように、同県自体がすでに比較的人口密度の高い地域ということができる。これを東葛飾地域でみた場合、同地域全体で4,787.4人/km²となっている。同数値は、東京都区部の13,915人/km²[2)]に比べれば少ないものの、東京都全体の5,847人/km²と比較しても大きな遜色はないように、同地域はすでに都市近郊ではなく、都市そのものというとらえ方も可能な地域ということができる。

これを市ごとにみた場合、浦安市の8,940.7人/km²が最も多く、次いで市川市の7,925.5人/km²、松戸市の7,675.9人/km²、船橋市の6,730.3人/km²等となっている。また、人口密度の低い市としては、野田市の1,477.4人/km²や我孫子市

表1-2　東葛飾地域の人口密度（2007年）

単位：人/km²

	人口密度
全国	336.2
千葉県計	1,174.9
東葛飾計	4,787.4
野田市	1,477.4
柏市	3,324.6
我孫子市	3,091.9
流山市	4,370.6
松戸市	7,675.9
鎌ヶ谷市	4,941.8
市川市	7,925.5
船橋市	6,730.3
浦安市	8,940.7

資料：平成19～20年千葉県農林水産統計年報より作成。

の3,091.9人/km²、柏市の3,324.6人/km²等があげられる。これらのことから、同地域の人口密度は総じて南部のなかでも東京都に近い市において高くなる傾向にあり、これらの市では都市化がより進んでいるということができる。一方、北部にいくにしたがって人口密度は低くなる傾向にあり、いわゆる「農村の面影」を残した地域となっている。

第3節　農業の概要

（1）農家数等の動態

　本節においては、東葛飾地域の農業の変容過程と現状について確認する。
　まず、東葛飾地域の農家数の推移等についてまとめたものが**表1-3**である。これによれば、1970年の段階では同地域に19,438戸の農家があったものが、その後、経年的に減少傾向で推移し、2005年には8,856戸、1970年を基準年とする指数では46にまで減少している。同じく2005年における全国の指数は53、千葉県全体では50となっていることと比較して、同地域は幾分早いペースで農家数が減少してきたことが分かる。しかし、先にみたように同地域の人口増加は全国や千葉県全体よりも激しかったことを考慮に入れるならば、

第1章　東葛飾地域の概要と青果物生産

表1-3　東葛飾地域の農家数等の推移

単位：千戸、戸、実数、%

		1970年	1980年	1990年	2000年	2005年
全国	戸数	5,342	4,661	3,835	3,120	2,848
	指数	100	87	72	58	53
	農家割合	19.2	13.0	9.3	6.6	5.7
千葉県計	戸数	163,555	137,333	117,924	91,850	81,982
	指数	100	84	72	56	50
	農家割合	18.7	9.7	6.5	4.2	3.4
東葛飾計	戸数	19,438	14,572	12,607	9,649	8,856
	指数	100	75	65	50	46
	農家割合	5.6	2.3	1.6	1.0	0.8
野田市	戸数	4,734	4,014	3,394	2,372	2,256
	指数	100	85	72	50	48
	農家割合	25.2	13.8	8.2	4.7	4.1
柏市	戸数	3,765	2,964	2,665	2,067	1,932
	指数	100	79	71	55	51
	農家割合	8.5	3.6	2.4	1.5	1.3
我孫子市	戸数	1,325	1,087	953	794	743
	指数	100	82	72	60	56
	農家割合	10.0	3.7	2.5	1.7	1.5
流山市	戸数	1,471	1,128	1,007	827	790
	指数	100	77	68	56	54
	農家割合	9.8	3.7	2.3	1.5	1.4
松戸市	戸数	2,287	1,596	1,659	1,040	906
	指数	100	70	73	45	40
	農家割合	3.2	1.2	1.0	0.6	0.5
鎌ヶ谷市	戸数	770	624	583	478	436
	指数	100	81	76	62	57
	農家割合	7.0	2.9	2.0	1.3	1.1
市川市	戸数	2,434	1,185	937	716	619
	指数	100	49	38	29	25
	農家割合	3.1	0.9	0.6	0.4	0.3
船橋市	戸数	2,470	1,974	1,659	1,355	1,174
	指数	100	80	67	55	48
	農家割合	2.7	1.3	0.9	0.6	0.5
浦安市	戸数	182	-	-	-	-
	指数	100	-	-	-	-
	農家割合	3.4	-	-	-	-

資料：各年次千葉県農林水産統計年報より作成。
注：1）旧関宿町は野田市に、旧沼南町は柏市に含めている。
　　2）農家割合は、農家数/総世帯数で計算。

同地域の農家数の減少は相対的に緩やかであったともいうことができる。このことは、同地域は急速に都市化が進展したものの、それは農家、言い換えれば農業生産を維持しながらの都市化であったことを意味している。なお、総世帯数に占める農家割合については、全国の5.7％や千葉県計の3.4％に対して同地域では0.8％に過ぎず、都市化による非農家世帯の増大によって、農家割合が大きく引き下げられる結果となって現れている。

農家数を市ごとにみると、2005年段階における農家数の多い市としては野田市の2,256戸や柏市の1,932戸、船橋市の1,174戸等をあげることができる。一方、少ない市としては、鎌ヶ谷市の436戸や市川市の619戸等がある。また、浦安市については少なくとも1980年の段階で農家は消滅しており、農業の存在しない市となっている。

総世帯数に占める農家割合についてみれば、野田市については同市を通る東武野田線が都心等とのアクセスが悪いこともあって、4.1％と高く維持されている。それ以外では、我孫子市や流山市、柏市、鎌ヶ谷市の4市が1％台となっており、船橋市と松戸市、市川市については0.5％以下でしかない。このように、農家割合はすでにみた人口密度と逆相関の関係が強く、人口密度の高い地域ほど農家率は低くなる傾向にある。

続いて、東葛飾地域における農家構成についてまとめたものが**表1-4**である。同地域には2005年時点において8,856戸の農家が存在しているが、その構成は、自給的農家が28.7％であるのに対して、販売農家は71.3％となっている。販売農家のうち主業農家は29.0％であり、そのうち27.4％が65歳未満の専従者のある農家である。準主業農家については18.1％であり、65歳未満専従者のあるものは10.4％となっている。また、副業的農家は全体の24.3％を占めている。農家構成を全国や千葉県計と比較した場合、同地域における65歳未満専従者のある主業農家は全国の13.0％や県計の19.5％と比較して高く、また、65歳未満専従者のある準主業農家についても全国の4.9％や県計の6.6％より高くなっている。このことは、同地域の農家は前述のように総戸数に占める割合こそ低いものの、農業への就業度の高い世帯員を要する農

第1章　東葛飾地域の概要と青果物生産

表1-4　東葛飾地域の農家構成（2005年）

単位：千戸、戸、％

		合計	自給的農家	販売農家	主業農家	65歳未満専従者あり	準主業農家	65歳未満専従者あり	副業的農家
全国	戸数	28,482	8,847	19,634	4,295	3,701	4,434	1,390	10,906
	割合	100.0	31.1	68.9	15.1	13.0	15.6	4.9	38.3
千葉県計	戸数	81,982	18,308	63,674	17,726	15,976	15,868	5,429	30,080
	割合	100.0	22.3	77.7	21.6	19.5	19.4	6.6	36.7
東葛飾計	戸数	8,856	2,538	6,318	2,564	2,423	1,604	919	2,150
	割合	100.0	28.7	71.3	29.0	27.4	18.1	10.4	24.3
野田市	戸数	2,256	876	1,380	323	295	348	150	709
	割合	100.0	38.8	61.2	14.3	13.1	15.4	6.6	31.4
柏市	戸数	1,169	451	718	290	262	155	79	273
	割合	100.0	38.6	61.4	24.8	22.4	13.3	6.8	23.4
我孫子市	戸数	743	99	644	134	119	208	97	302
	割合	100.0	13.3	86.7	18.0	16.0	28.0	13.1	40.6
流山市	戸数	790	313	477	115	105	168	99	194
	割合	100.0	39.6	60.4	14.6	13.3	21.3	12.5	24.6
松戸市	戸数	906	177	729	327	323	243	184	159
	割合	100.0	19.5	80.5	36.1	35.7	26.8	20.3	17.5
鎌ヶ谷市	戸数	436	74	362	253	250	50	42	59
	割合	100.0	17.0	83.0	58.0	57.3	11.5	9.6	13.5
市川市	戸数	619	182	437	269	260	74	45	94
	割合	100.0	29.4	70.6	43.5	42.0	12.0	7.3	15.2
船橋市	戸数	1,174	215	959	571	556	223	153	165
	割合	100.0	18.3	81.7	48.6	47.4	19.0	13.0	14.1

資料：平成17～18年千葉県農林水産統計年報より作成。
注：浦安市には農家がないことから、表からは除いている。

家が多いことを意味している。そして、このことは後にみるように、同地域で生産される品目が労働集約度の高い青果物が中心となっていることと関連深いと考えられる。

　農家構成を市ごとに確認すれば、65歳未満専従者の存在する主業農家は鎌ヶ谷市の57.3％や船橋市の47.4％、市川市の42.0％、松戸市の35.7％において高くなっている。そして、松戸市を除く3市は、後にみるように主として労働集約度のより高い果実を生産する地域であることが、このような結果になったことに関連していると考えられる。

一方、販売を行わない自給的農家は、流山市の39.6％や野田市の38.8％、柏市の38.6％において高くなっている。また、我孫子市については副業的農家が40.6％と高い割合を占めている。このように、東葛飾地域は65歳未満専従者のいる主業農家が多く存在する地域と、自給農家や副業的農家の多い地域とに大別されており、同地域における農家構成をさらに特徴付けている。なお、本研究を通じたヒアリング等によれば、同地域においては土地自体に高い需要が存在していることから、農家は所有する農地の一部を転用し、マンション、アパート、駐車場、資材置き場等の不動産経営によって生計を維持しながら「趣味的」に農業を営むものが多いことが指摘されている。そして、同地域の自給農家や副業的農家の多くは、このような「趣味的」な農家によって占められていると思われる。

（2）耕地面積等の動態

　東葛飾地域の地目別耕地面積の推移について取りまとめたものが**表1-5**である。同表によれば、同地域には1970年の段階で1万7,900haの耕地が存在していたが、その後、経年的に宅地等への転用によって面積を減らし、2007年には1万478ha、指数では59にまで減少している。この間、全国の指数は80、千葉県計でも72であることと比較すれば、同地域における耕地面積の減少は顕著である。ただし、同地域の減少率は1970年から1980年の間は大きいもののそれ以降は緩やかとなり、1990年からはほぼ横ばい傾向で推移しているように、全国や県計とは傾向に相違がみられる。

　これを地目別にみた場合、田の面積の指数は1970年と比較して46にまで減少している一方で、畑については70と比較的維持されている。さらに畑の内訳についてみると、普通畑は64に減少し、牧草地に至っては5というように激減しているが、樹園地については166となっていることから、耕地面積が減少するなかにおいても樹園地は増加していることが確認できる。この間、同地域において大規模な開墾は行われていないことから、樹園地の増大は田や樹園地以外の畑から転換されることによってもたらされたものである。

表1-5 東葛飾地域の地目別耕地面積の推移

単位：千ha、ha、実数、％

			1970年	1980年	1990年	2000年	2007年
全国		面積	5,796	5,461	5,243	4,830	4,650
		指数	100	94	90	83	80
千葉県計		面積	182,000	156,200	147,500	138,000	130,900
		指数	100	86	81	76	72
東葛飾計		面積	17,900	12,100	10,658	10,500	10,478
		指数	100	68	60	59	59
		割合	100.0	100.0	100.0	100.0	100.0
	田	面積	8,730	5,560	4,791	4,410	4,016
		指数	100	64	55	51	46
		割合	48.8	46.0	45.0	42.0	38.3
	畑	面積	9,210	6,500	5,867	6,110	6,462
		指数	100	71	64	66	70
		割合	51.5	53.7	55.0	58.2	61.7
	普通畑	面積	8,380	5,530	4,822	5,030	5,327
		指数	100	66	58	60	64
		割合	46.8	45.7	45.2	47.9	50.8
	樹園地	面積	679	846	1,002	1,070	1,127
		指数	100	125	148	158	166
		割合	3.8	7.0	9.4	10.2	10.8
	牧草地	面積	150	120	43	14	8
		指数	100	80	29	9	5
		割合	0.8	1.0	0.4	0.1	0.1

資料：各年次千葉県農林水産統計年報より作成。
注：ラウンドの関係で各項目の合計は東葛飾計と一致しない。

2007年における同地域の耕地の内訳については、1万478haのうち田が38.3％、普通畑が50.8％、樹園地が10.8％、牧草地が0.1％というように、普通畑が半分強を占めている。このことから、同地域は普通畑を中心とする畑作地域ということが確認できる。

東葛飾地域の耕地面積について市ごとにみたものが**表1-6**である。これによれば、野田市が2,748haと最も耕地を確保しており、次いで柏市の2,680ha、船橋市の1,381ha等となっている。また、農家1戸当たりの平均所有耕地面積は、同地域全体では120.2ａ/戸となっているが、同数値は全国の164.7ａ/戸や千葉県計の162.6ａ/戸と比較して少なく、同地域の経営規模は総じて小さい傾向にある。このことから、同地域内で土地利用型の農業が展開できる余地は少ない[3]。これを市ごとにみた場合、我孫子市の170.7ａ/戸と柏市の

表1-6　東葛飾地域の市別耕地面積

単位：千ha、ha、a/戸

	耕地面積 （2007年）	1戸当たり （2005年）
全国	4,650	164.7
千葉県計	130,900	162.6
東葛飾計	10,478	120.2
野田市	2,748	122.8
柏市	2,680	140.1
我孫子市	1,253	170.7
流山市	601	77.6
松戸市	791	89.4
鎌ヶ谷市	468	110.3
市川市	559	93.2
船橋市	1,381	120.1
浦安市	-	-

資料：各年次千葉県農林水産統計年報より作成。

140.1a/戸の規模が大きいが、これについては1946年から1968年にかけて実施された手賀沼の干拓事業によって、水田が大規模に造成されたことに起因するものである。

第4節　青果物生産の概要

（1）作付面積等の推移

本節においては、東葛飾地域の青果物生産について確認を行う。まず、東葛飾地域の作付け延べ面積については、**表1-7**のとおりである。同地域における2006年の作付け延べ面積は1万1,706haであり、これを1970年の2万1,800haと比較すれば指数は54となっているように、半分強にまで減少している。なお、2006年の全国の作付け延べ面積指数は69、千葉県計では58となっていることから、東葛飾地域は県計と比較して大きな差はないが、全国と比べた場合の減少幅は大きい。

また、同地域の2006年の耕地利用率は111.0％となっており、1970年の121.8％と比較して幾分低い数値となっている。また、2006年の耕地利用率

第1章　東葛飾地域の概要と青果物生産

表1-7　東葛飾地域の品目別作付け延べ面積の推移

単位：千ha、ha、実数、%

		1970年	1980年	1990年	2000年	2006年
全国	面積	6,311	5,636	5,349	4,563	4,346
	指数	100	89	85	72	69
	耕地利用率	108.9	103.2	102.0	94.5	93.0
千葉県計	面積	215,800	165,600	154,700	134,700	124,700
	指数	100	77	72	62	58
	耕地利用率	118.6	106.0	104.9	97.6	94.5
東葛飾計	面積	21,800	16,500	13,600	12,400	11,706
	指数	100	76	62	57	54
	耕地利用率	121.8	136.4	127.6	118.1	111.0
	割合	100.0	100.0	100.0	100.0	100.0
稲	面積	7,590	4,834	3,812	3,470	3,473
	指数	100	64	50	46	46
	割合	34.8	29.3	28.0	28.0	29.7
麦類	面積	740	44	224	218	230
	指数	100	6	30	29	31
	割合	3.4	0.3	1.6	1.8	2.0
豆類	面積	625	208	122	99	109
	指数	100	33.28	20	16	17
	割合	2.9	1.3	0.9	0.8	0.9
野菜	面積	11,623	10,000	7,704	6,880	6,276
	指数	100	86	66	59	54
	割合	53.3	60.6	56.6	55.5	53.6
果樹	面積	875	916	1,030	1,100	1,098
	指数	100	105	118	126	125
	割合	4.0	5.6	7.6	8.9	9.4
飼肥料作物	面積	238	504	364	280	214
	指数	100	212	153	118	90
	割合	1.1	3.1	2.7	2.3	1.8
その他作物	面積	93	17	224	241	246
	指数	100	18	241	259	265
	割合	0.4	0.1	1.6	1.9	2.1

資料：各年次千葉県農林水産統計年報より作成。
注：1）ラウンドの関係で各品目の合計は東葛飾計と一致しない。
　　2）野菜は、かんしょ、春植えばれいしょを含む。
　　3）その他作物は、雑穀、工芸農作物、桑を含む。
　　4）70～80年と90～06年とは分類区分が異なることから、単純に比較できない。

は全国の93.0％や千葉県計の94.5％と比較すれば高くなっているものの、年間に複数回の耕作が可能となる野菜生産地域であることを考慮すれば、決して高い数値とはいえない。このことから、同地域では年間の耕作回数を増やして土地生産性を高めるというよりも、耕作回数を抑えた野菜生産が行われ

る傾向がある[4]ということができる。

　作付け延べ面積を作目別にみた場合、野菜が最も多く6,276haと全体の53.6％を占めている。それ以外では、稲の3,473haや果樹の1,098haの作付け延べ面積が大きい。このうち、野菜と稲は面積を減少させながら推移しているが、果樹については1970年から2000年の間は増加しており、その割合についてみるならば2006年まで一貫して増加している。このように、都市化が進展するなかにおいても果実については生産が堅調に推移していることが、同地域の特徴の一つとなっている。

（2）青果物産出額等の推移

　最初に、千葉県の農業産出額について地域別にみると、**表1-8**のとおりとなる。同表にあるように、東葛飾地域の2005年における産出額は520億円であり、同年の千葉県計の4,161億円のうちの12.6％を占めている。これを青果物でみた場合、県計の2,107億8,000万円のうち同地域は442億7,000万円、割合では21.0％を占めており、県内に10ある地域区分のなかで最も産出額が大きくなっている。このことは、千葉県が茨城県等と並んで全国トップクラスの青果物生産県であることを踏まえれば、同地域の産地としての規模がいかに大きいかがうかがえる。そして、このことから同地域は、人口集積が進みながらも農業生産が盛んに行われている地域ということが確認できる。ちなみに、他の地域では印旛地域の19.7％や海匝地域の17.3％など、下総台地とされる県北部の農業生産地域の割合が高くなっている。

　次に、東葛飾地域の青果物産出額を市ごとにみれば、**表1-9**のとおりである。同地域の青果物産出額を経年的にみた場合、1995年を基準とすれば2006年の指数は80にまで減少している。このような産出額の減少は、卸売市場における青果物価格の低迷[5]に一因があるものの、同地域における青果物生産者の経営環境の悪化をこの点からもうかがうことができる。

　青果物の産出額を市ごとにみると、柏市が最も大きく78億6,000万円であり、次いで船橋市の75億7,000万円、野田市の58億5,000万円、松戸市の54億7,000

第1章　東葛飾地域の概要と青果物生産

表1-8　千葉県の地域別農業産出額（2005年）

単位：百万円、％

		農業産出額①	青果物産出額			②/①
			野菜	果実	合計②	
県計	実数	416,100	192,050	18,730	210,780	50.7
	割合	100.0	100.0	100.0	100.0	
千葉	実数	28,000	10,260	1,310	11,570	41.3
	割合	6.7	5.3	7.0	5.5	
東葛	実数	52,400	35,420	8,850	44,270	84.5
	割合	12.6	18.4	47.3	21.0	
印旛	実数	55,600	38,150	3,440	41,590	74.8
	割合	13.3	19.9	18.4	19.7	
香取	実数	65,400	19,910	520	20,430	31.2
	割合	15.7	10.4	2.8	9.7	
海匝	実数	83,900	36,330	130	36,460	43.5
	割合	20.2	18.9	0.7	17.3	
山武	実数	39,400	21,320	230	21,550	54.7
	割合	9.5	11.1	1.2	10.2	
長生	実数	19,500	7,610	470	8,080	41.4
	割合	4.7	4.0	2.5	3.8	
夷隅	実数	13,400	2,250	410	2,660	19.9
	割合	3.2	1.2	2.2	1.3	
安房	実数	30,400	6,530	1,450	7,980	26.3
	割合	7.3	3.4	7.7	3.8	
君津	実数	28,300	14,270	1,920	16,190	57.2
	割合	6.8	7.4	10.3	7.7	

資料：平成17年千葉県生産農業所得統計より作成。
注：1）野菜はいも類を含む。
　　2）ラウンドの関係で各市の合計は合計と一致しない。

万円等となっている。青果物の産出額を1戸当たりでみれば、2005年の段階では鎌ヶ谷市の965万円/戸が最も大きく、次いで船橋市の739万円/戸、市川市の701万円/戸等となっている。ちなみに、これら3市は後述するように果実の生産が盛んな地域であり、野菜と比較してキロ単価の高い果実を生産していることが、1戸当たり産出額の高さにつながったということができる。一方、我孫子市では275万円/戸でしかないが、同市はすでにみたように副業的農家が多いことから、生産者の多くが兼業収入に依存した農業経営を行っていることによると考えられる。

　青果物の産出額について、いも類を含む野菜と果実とに分けてみた場合、野菜は307億6,000万円、果実については79億9,000万円となっている。これを

表1-9 東葛飾地域の市別青果物産出額

単位：百万円、実数、千円/戸

		1995年	2000年	2005年	2006年
東葛飾計	金額	48,695	47,480	44,270	38,750
	指数	100	98	91	80
	1戸当たり	4,320	4,921	4,999	…
野田市	金額	7,868	7,140	6,980	5,850
	指数	100	91	89	74
	1戸当たり	2,648	3,010	3,094	…
柏市	金額	10,215	9,600	8,810	7,860
	指数	100	94	86	77
	1戸当たり	4,292	4,644	4,560	…
我孫子市	金額	2,397	2,120	2,050	1,800
	指数	100	88	86	75
	1戸当たり	2,813	2,670	2,759	…
流山市	金額	3,267	3,070	2,890	2,480
	指数	100	94	88	76
	1戸当たり	3,520	3,712	3,658	…
松戸市	金額	6,906	6,750	6,310	5,470
	指数	100	98	91	79
	1戸当たり	5,583	6,490	6,965	…
鎌ヶ谷市	金額	4,022	4,800	4,210	3,740
	指数	100	119	105	93
	1戸当たり	7,546	10,042	9,656	…
市川市	金額	4,272	4,940	4,340	3,980
	指数	100	116	102	93
	1戸当たり	5,166	6,899	7,011	…
船橋市	金額	9,748	9,060	8,680	7,570
	指数	100	93	89	78
	1戸当たり	6,313	6,686	7,394	…
野菜	金額	41,745	37,580	35,420	30,760
	指数	100	90	85	74
果実	金額	6,950	9,870	8,850	7,990
	指数	100	142	127	115

資料：各年次千葉県生産農業所得統計より作成。
注：1）野菜はいも類を含む。
　　2）ラウンドの関係で各市の合計は合計と一致しない。
　　3）浦安市では農業が行われていないことから、表から除いている。
　　4）旧関宿町は野田市に、旧沼南町は柏市に含めている。

　経年的な動きでみれば、野菜は1995年以降産出額の指数を低下させているのに対し、果実については2000年時と比較すれば大きく下落しているものの、2006年時点でも115と比較的堅調に推移している。
　東葛飾地域の2004年における品目別産出額[6]について、市ごとにみたも

第1章 東葛飾地域の概要と青果物生産

表1-10 東葛飾地域の品目別産出額（2004年）

単位：百万円、％

		産出額計	第1位	第2位	第3位	第4位	第5位	その他
東葛飾計	品目	−	ねぎ	なし	ほうれんそう	米	かぶ	−
	金額	56,720	8,810	8,060	7,700	4,660	3,910	23,580
	割合	100.0	15.5	14.2	13.6	8.2	6.9	41.6
野田市	品目	−	ほうれんそう	米	えだまめ	キャベツ	生乳	−
	金額	10,940	1,770	1,500	1,340	1,030	850	4,450
	割合	100.0	16.2	13.7	12.2	9.4	7.8	40.7
柏市	品目	−	かぶ	ねぎ	ほうれんそう	米	だいこん	−
	金額	12,030	2,000	2,280	1,780	1,490	630	3,850
	割合	100.0	16.6	19.0	14.8	12.4	5.2	32.0
我孫子市	品目	−	米	ねぎ	ほうれんそう	トマト	えだまめ	−
	金額	3,640	1,150	450	420	270	180	1,170
	割合	100.0	31.6	12.4	11.5	7.4	4.9	32.1
流山市	品目	−	ねぎ	ほうれんそう	えだまめ	米	かぶ	−
	金額	3,610	990	740	410	250	240	980
	割合	100.0	27.4	20.5	11.4	6.9	6.6	27.1
松戸市	品目	−	ねぎ	ほうれんそう	かぶ	だいこん	なし	−
	金額	7,310	2,330	810	800	670	660	2,040
	割合	100.0	31.9	11.1	10.9	9.2	9.0	27.9
鎌ヶ谷市	品目	−	なし	だいこん	ねぎ	ほうれんそう	にんじん	−
	金額	4,410	2,260	500	430	280	160	780
	割合	100.0	51.2	11.3	9.8	6.3	3.6	17.7
市川市	品目	−	なし	ねぎ	トマト	ほうれんそう	だいこん	−
	金額	4,590	2,640	590	180	160	140	880
	割合	100.0	57.5	12.9	3.9	3.5	3.1	19.2
船橋市	品目	−	なし	ほうれんそう	ねぎ		キャベツ	−
	金額	10,200	1,780	1,750	1,320	910	640	3,800
	割合	100.0	17.5	17.2	12.9	8.9	6.3	37.3

資料：平成16年千葉県生産農業所得統計。
注：1）ラウンドの関係で各市の各市の合計は東葛飾計と一致しない。
　　2）浦安市では農業が行われていないことから、表から除いている。
　　3）沼南町は柏市に含めている。

のが**表1-10**である。東葛飾計からみると、ねぎが最も多く、次いでなし、ほうれんそう、米、かぶ等と続いている。すでにみたように、同地域では青果物と米以外の作付けはほとんど行われておらず、そして第6位以下の品目の合計である「その他」だけで41.6％を占めていることから明らかなように、同地域においては多品目にわたる青果物生産が展開されている。ちなみに、表出してはいないが東葛飾地域における2004年の青果物産出額は489億3,000万円であり、このうち野菜は406億8,000万円となっていることから明らかなように、総体的に野菜生産に特化した地域となっている。また、品目的にもねぎとほうれんそうの2品目で165億1,000万円を占めるなど、総じて葉菜類の割合の高い地域ということができる。

　産出額を市ごとにみた場合、なしの生産に特化した市と特定の品目に特化することなく多品目の生産が行われている市とに大別することができる。このうち、前者については市川市と鎌ヶ谷市があげられ、いずれも産出額に占めるなしの割合は50％を超えている。それ以外の6市はいずれも生産品目が分散化しており、特定の品目に特化することなく生産されているが、我孫子市については米が31.6％と高い割合を占めるなど他の市とは傾向がいくらか異なっている。なお、前述のように我孫子市には副業的農家が多いという特徴があったが、このような農家が主として水田稲作を行っている可能性が高い。

第5節　青果物の流通形態

　前節において東葛飾地域の青果物生産についてみたが、本節においては生産された青果物がどのような形態によって出荷され、それが本書のどの箇所において検討されているかについて確認したい。本書に係る一連のヒアリング等をもとに、同地域で生産された青果物において行われている流通の形態についてまとめたものが**表1-11**である。このように、同地域では多様な方法によって青果物が流通しており、生産者は生産品目や自身の労働条件、輸

表1-11 東葛飾地域産青果物の主要流通形態

パターン	（実質的な）出荷方法	出荷者の名義	分荷権	選別基準	輸送方法	精算方法	本書の対応箇所	備考
パターン1	農協共販	農協	農協	農協	共同	共計	第2章	
パターン2	出荷組合共販	農協	出荷組合	農協・出荷組合	共同	共計	第2章、第5章、第7章	
パターン3		出荷組合	出荷組合	出荷組合			第7章	
パターン4	個人出荷	農協	個人	個人等	個別・共同	個別	第2章、第5章	
パターン5		出荷組合					第4章、第5章	
パターン6		個人			個別		第3章、第4章、第5章	
パターン7	直売所等での直売	個人	個人	個人等	個別	個別	第6章	量販店等への直接納品を含む。
パターン8	庭先直売	個人	個人	―		個別	第7章	通信販売、移動販売を含む。

資料：05年から08年に実施した、市場、農協、直売所、生産者等へのヒアリングにより作成。
注：他に、農事組合法人による出荷や量販店等への直納もあるが、詳細は不明。

送環境等を踏まえながら望ましい流通形態を選択していると想定される。

同表で示したように、同地域では主要な流通形態として、「農協共販」、「出荷組合共販」、「個人出荷」、「農産物直売所」での販売、さらには生産者自身が設置した直売店舗等において販売する「庭先直売」が行われている。そして、これら以外にも数量的にわずかではあるが、量販店等への「直接納品」や自動車等に青果物を積み込んで輸送し、消費地等において販売するという「移動販売[7]」等が行われている。

このうち、「農協共販」については同表のパターン1に該当している。「出荷組合共販」については商流上は農協を経由させるものと、農協を経由させない狭義の出荷組合共販とがあり、このうち前者が表中のパターン2、後者がパターン3に該当している。また、「個人出荷」についても商流上は農協を経由させるパターン4や出荷組合名義での出荷となるパターン5、狭義の個人出荷であるパターン6に大別される。さらには、「農産物直売所」等での販売が表中のパターン7に、主として果実において行われている「庭先直売」についてはパターン8がそれぞれ対応している。なお、同地域において

は産地商人による青果物の集・出荷は確認できなかった[8]。

そして、本書における各章と青果物の出荷形態との関係については以下のとおりである。「第2章　農協を経由させた青果物の出荷対応」では、商流上農協を経由することになるパターン1、2及び4について検討している。「第3章　東葛飾地域内市場における個人出荷野菜の流通」においては、狭義の個人出荷であるパターン6について検討を行う。「第4章　東京都内市場における個人出荷等野菜の流通」においては、主として生産者個人による市場出荷について検討していることから、狭義の個人出荷であるパターン6に加えて、実質的な個人出荷であるパターン5を検討対象に含んでいる。同じく広義の個人出荷を対象とする「第5章　東葛飾地域の野菜生産者における出荷先の選択要因」においても、パターン6に加えて、パターン4及び5を検討対象としている。「第6章　東葛飾地域の農産物直売所における青果物等の販売」ではパターン7を対象とし、最後の「第7章　東葛飾地域における果実の庭先直売」では主としてパターン8について検討を行うとともに、果実の市場出荷についても併せて検討しているのでパターン2及び3も対象に含んでいる。

最後になるが、東葛飾地域産青果物の産出額に占める各流通形態のシェアについては、残念ながら明らかにすることはできなかった。ヒアリング等による「感触」からは、出荷組合共販であるパターン3や実質的な個人出荷であるパターン5及び6の割合が高くなっていると想像されるが、正確なところは不明であるといわざるを得ない。

第6節　小括

以上、本章においては、千葉県東葛飾地域の概要と青果物を主とする同地域の農業について確認を行った。その結果についてまとめると、概略は以下のとおりとなる。

第1に、東葛飾地域は千葉県でも最も東京寄りに位置し、東京都と県内の

千葉地域という大都市圏の中間に位置している。同地域は鉄道や道路といった交通インフラが整備されていることも手伝って人口増加が著しく、その結果、人口密度も全国や千葉県計と比較して高い地域となっている。

　第2に、東葛飾地域は都市化の進展と歩調を合わせて農家数が減少しており、総世帯数に占める農家割合も全国や県内他地域と比較して極端に低くなっている。このことから、同地域は都市近郊地域というよりも、すでに都市そのものということも可能な状況におかれている。その一方で、同地域の農家は65歳未満専従者のいる主業農家や準主業農家の割合が比較的高く、農家数は少ないものの熱心に農業に取り組む生産者が多数存在している。

　第3に、東葛飾地域はベットタウンとして成長する過程において農地が宅地等に転用されてきたという経緯があり、このため経年的に農地は減少しつつある。同時に、農家1戸当たりの耕地面積は少なく、また、普通畑の割合が高い地域である。作付けについては野菜の割合が高く、作付け延べ面積の半分強を野菜が占めている。しかし、耕地利用率は決して高くはなく、土地の利用を抑制した生産が行われている。

　第4に、東葛飾地域は産出額でみれば青果物、なかでも野菜の割合の高い地域であり、軟弱野菜を中心として多品目の生産が行われている。その一方で、市川市や鎌ヶ谷市ではなしに特化した生産が行われており、同地域の特徴となっている。

　第5に、東葛飾地域産の青果物は農協共販や出荷組合共販、個人出荷、農産物直売所等での販売、庭先直売等によって流通しており、生産者は出荷に関する多様な選択肢のなかから、自身に適した望ましい流通形態を選択していると考えられる。

注
1 ）浦安市の面積は、海岸線の埋め立てによって1970年には7㎢であったものが、2007年には17㎢にまで拡大している。
2 ）東京都ホームページによる。なお、東京都区部および東京都の人口密度は、2007年10月1日における確定値である。

3）柏市には、作業受託を含めて44haの経営規模を持つ稲作の経営体が存在していることから、土地利用型農業の展開が不可能というわけではない。
4）その背景には、生産者の高齢化や不動産等副業による収入のある生産者が比較的多いことが想定される。なお、耕作を抑制する生産者の事例としては、本書の第5章で検討した生産者Aがあげられる。
5）東京都中央卸売市場年報によれば、都内中央卸売市場における青果物の平均価格は1995年に254.5円/kgであったものが、2006年には247.4円/kgとなっているように、この間において7.1円/kgのマイナスとなっている。
6）『千葉県生産農業所得統計』は、平成17年版以降は東葛飾地域全体の品目別産出額を掲載していないことから、**表1-10**については2004年の産出額について取りまとめている。
7）我孫子市史編纂委員会編［1］のpp.231～262にあるように、我孫子市においては、関東大震災を境として生産者自身等による移動販売が盛んに行われるようになっており、調査時においても一部の生産者において継続されている。
8）東葛飾地域で産地商人がみられない理由としては、産地と市場との距離が近く、物流業者としての機能をもつ産地商人に輸送を依存する必要が少なかったことが考えられる。なお、2005年2月に東葛飾地域と距離的に比較的近い富里市農協に対して実施したヒアリングによれば、同農協管内には産地商人が存在しており、さといもの集・出荷においては農協以上に高いシェアを占めているとのことであった。

引用文献
［1］我孫子市史編纂委員会編『我孫子市史　近現代編』我孫子市教育委員会、2004年。

第2章

農協を経由させた青果物の出荷対応

第1節　本章の課題

　わが国の青果物流通は、流通チャネルの多様化などを背景として経年的に市場外流通の割合が増えつつあるものの、現状においても消費地の卸売市場を経由する市場流通が中心的な形態[1]となっている。そして、このような流通が維持されている要因の一つとしては、産地において青果物の集・出荷の主要な担い手である農協[2]が卸売市場を出荷先として選択していることがあげられる。

　このように、農協はわが国の青果物流通のあり方を規定する重要な要因であることから、過去において農協による青果物の販売対応に関する研究蓄積は、決して少なくはなかった。学会誌に発表された主要な学術論文としては、田村［8］や白武［7］、成田［10］等があるが、これらはいずれも青果物の主要生産県を対象としているように、都市近郊園芸生産地域の農協出荷に関する研究については比較的手薄であったといえるだろう。都市近郊農協の一般的な特徴としては農協経由率の低さが指摘[3]されており、また、このような地域における農協共販の実態や課題に関する分析としては、大阪府下の農協を対象とした大西［3］の研究がある。一方、東京の後背産地である東京都下や埼玉県、千葉県においても系統経由率は低いものの、一部品目については農協による共販体制が確立されている。しかし、これら地域では大阪府下の産地と異なって戦前の段階において出荷組合の広範な設立[4]がみられるなど、歴史的な経緯は大きく異なっている。このことから、東京周辺

の近郊園芸産地を大阪府下の事例と同一視すべきではないと考えられる。

　以上みてきたように、農協の販売対応に関する研究蓄積は青果物の主要生産県における分析が中心であり、都市化の進展にさらされている都市近郊園芸生産地域を対象とするものについては比較的手薄であったといえるだろう。このため、本章においては2007年6～9月にかけて千葉県東葛飾地域にある9つの農協[5]対象に実施したヒアリングに基づいて、大都市近郊園芸生産地域の農協における青果物の販売対応の実態[6]と今後の方向性について検討することを課題とする。

第2節　調査対象農協と青果物販売の概要

（1）調査対象農協の概要

　本節においては、調査対象農協の概要及びこれら農協における青果物販売の概要について確認する。本章の分析対象である東葛飾地域の農協について

表2-1　調査対象農協の概要（2006年）

単位：実数、千円、％

	管轄地域	正組合員戸数	備考
A農協	野田市	4,372	
B農協	柏市の一部	964	
C農協	柏市の一部	640	
D農協	柏市の一部 我孫子市	3,031	'04年に5農協の合併で設立。販売は旧農協毎に対応。B農協、C農協と合併を検討中。
E農協	流山市	1,440	'97年に3農協の合併で設立。'08年7月にF、Gと合併予定。
F農協	松戸市の一部	308	'08年7月にE、Gと合併予定。
G農協	松戸市(一部を除く) 鎌ヶ谷市	2,573	'02年に2農協の合併で成立。'08年7月にE、Fと合併予定。
H-1農協	市川市 浦安市	4,432	'04年にH-1と合併。販売は旧農協毎に対応。
H-2農協	船橋市(一部を除く)	4,432	'04年にH-2と合併。販売は旧農協毎に対応。
I農協	船橋市の一部	299	
合計		18,059	

資料：日本農業新聞社『平成19年版農業協同組合名鑑』及びヒアリング（2007年）による。
注：H-1農協とH-2農協の正組合員戸数の内訳は不明。

第2章　農協を経由させた青果物の出荷対応

図2-1　調査対象農協の所在地

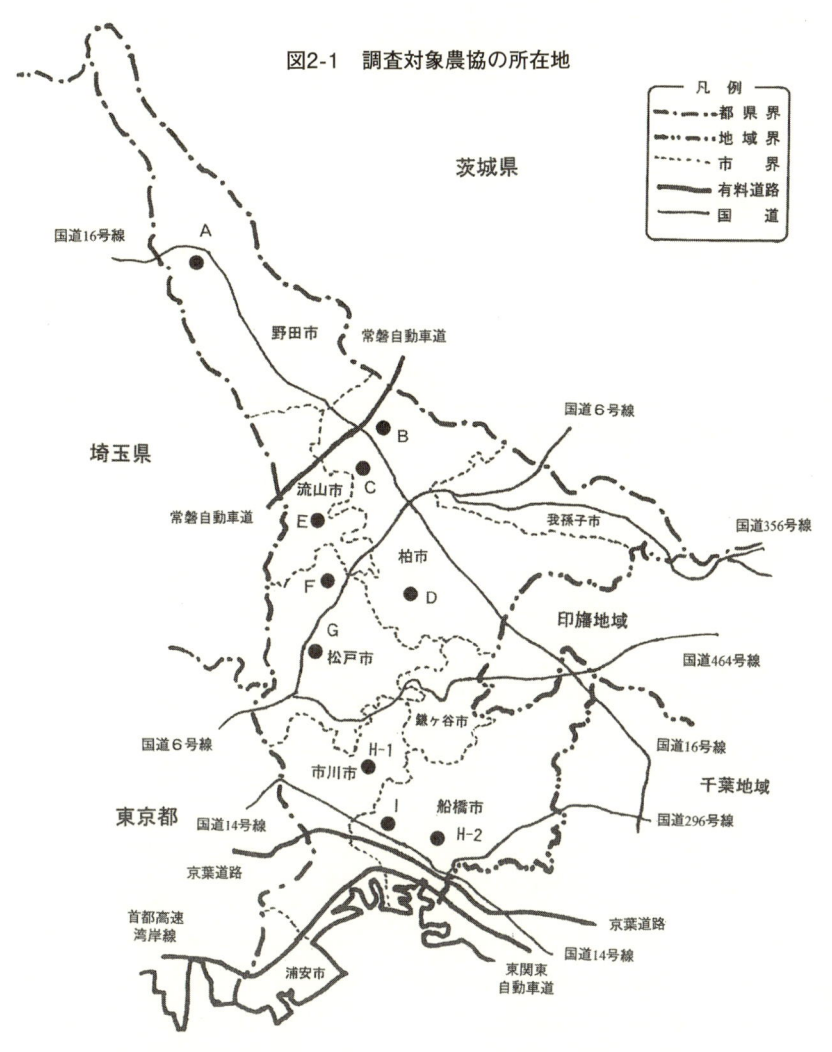

まとめたものが表2-1である。また、これら農協の本部所在地については図2-1のとおりである。

　2007年段階において、東葛飾地域内にはA農協からI農協までの9農協が存在している。このうち、H農協は2004年に2農協の合併によって成立しているが、青果物販売については合併前の旧農協単位で行っていることからヒ

アリングも2回に分けて実施している。このため、以下の分析においてもH-1とH-2というように2つの農協として取り扱っているように、合計10農協が本章における分析対象である。なお、このような旧農協単位による販売対応は、後述するように2004年に5農協の合併によって成立したD農協においても確認されている。

　各農協の管轄地域は、D農協やH-1農協のように1つの市域以上を管轄とするもの、A農協やE農協のように1農協が1市域に対応しているものがある一方で、B・C・F・I農協のように旧村単位の農協も残存している。東葛飾地域はかつての郡に相当していることから、全国的に郡単位の広域合併が進む現状において9農協も存在することは、同地域が農協再編に関して遅れた地域[7]ということができる。

　これら農協の正組合員戸数については、A農協やD農協のように数千戸単位のものがある一方で、F農協やI農協のように300戸前後しかないものもあり、大きな規模格差が存在している。また、正組合員戸数の合計は18,059戸となっているが、これは同地域の農家戸数8,856戸の倍以上であることから、多くの非農家が正組合員となっていることを意味している。また、同地域の農協は金融農協的な性格が強い[8]ことが指摘されている。

（2）青果物の取扱状況

　調査対象農協における青果物の取扱状況についてまとめたものが**表2-2**である。同表によれば、調査対象農協の青果物取扱額は、A農協の約15億円やH-2農協の約14億円、G農協の約11億円などの規模が比較的大きく、その一方で2億円未満のI農協が存在しているなど、そこには10倍近い規模格差が存在している。また、農協の青果物取扱額の合計は約68億円となっているが、同金額が東葛飾地域の青果物産出額388億円[9]に占める割合は17.7％に過ぎず、同地域は総体的に農協経由率が低い地域ということができる。

　青果物年間取扱額の内訳については野菜の割合が高く、東葛飾地域計の86.4％までが野菜となっている。また、10農協のうち7農協までが野菜のみ

第2章　農協を経由させた青果物の出荷対応

表2-2　青果物取扱状況（2006年）

単位：実数、千円、％

	青果物年間取扱額			主要取扱品目
	合計	野菜	果実	
A農協	1,504,100 100.0	1,504,100 100.0	0 0.0	キャベツ、えだまめ、ほうれんそう
B農協	238,578 100.0	238,578 100.0	0 0.0	かぶ、チンゲンサイ、トマト
C農協	694,187 100.0	694,187 100.0	0 0.0	かぶ
D農協	563,190 100.0	563,190 100.0	0 0.0	ねぎ、かぶ、ほうれんそう
E農協	330,000 100.0	330,000 100.0	0 0.0	わけぎ、ねぎ
F農協	201,952 100.0	201,952 100.0	0 0.0	わけぎ
G農協	1,140,000 100.0	943,000 82.7	197,000 17.3	だいこん、なし、ねぎ
H-1農協	574,653 100.0	164,921 28.7	409,731 71.3	なし
H-2農協	1,434,112 100.0	1,110,883 77.5	323,229 22.5	にんじん、なし、だいこん
I農協	166,723 100.0	166,723 100.0	0 0.0	こまつな、ほうれんそう
合計	6,847,495 100.0	5,917,534 86.4	929,960 13.6	

資料：日本農業新聞社『平成19年版農業協同組合名鑑』及びヒアリング（2007年）による。
注：H-1農協とH-2農協の正組合員戸数の内訳は不明。

を取り扱っているが、G農協とH-2農協については一部が果実であり、H-1農協に至っては71.3％までが果実となっているように、他の農協と比べて取扱品目の特異性が高い。

具体的な取扱品目については、後述する表2-4や表2-5にもあるように、A・B・Dの3農協は葉菜類や根菜類を中心に非常に多くの品目が取り扱われている。その一方で、C農協のかぶ、E農協とF農協のわけぎ、H-1農協のなし、H-2農協のにんじんというように特定品目の構成割合が高い農協も存在しており、農協ごとに特徴があることが確認できる。

ここで、野菜の指定産地について確認すれば、同地域で指定を受けているのはA農協管内の春キャベツ、冬キャベツ及び冬春トマト、H-2農協管内の春夏にんじんとなっているように、野菜生産の盛んな地域であっても指定を受けるケースは少ない。

（3）青果物の販売方法

　調査対象農協における青果物の販売方法について取りまとめたものが**表2-3**である。東葛飾地域の農協における青果物の出荷方法は、狭義の農協共販によるものと、管内の出荷組合[10]を通じて行うものとに大別される。なお、前掲**表1-11**の分類にしたがえば、前者は狭義の農協共販であるパターン1に該当し、後者については実質的な出荷組合共販であるパターン2と実質的な個人出荷である4パターンにそれぞれ該当している。

　ここで、本章で使用する販売方法の定義について確認しておきたい。まず、農協共販[11]については、共同輸送、共同選別、共同計算の3要件を満たすことに加えて、農協が分荷権をもって出荷先市場を選択するという4つの要件を満たしたものについて農協共販とする。ただし、共同選別については農

表2-3　青果物の販売方法（2006年）

単位：千円、％

	合　計	農協共販	出荷組合
A農協	1,504,100 100.0	0 0.0	1,504,100 100.0
B農協	238,578 100.0	238,578 100.0	0 0.0
C農協	694,197 100.0	694,187 100.0	0 0.0
D農協	563,190 100.0	563,190 100.0	0 0.0
E農協	330,000 100.0	178,000 53.9	152,000 46.1
F農協	201,952 100.0	201,952 100.0	0 0.0
G農協	1,140,000 100.0	0 0.0	1,140,000 100.0
H-1農協	574,653 100.0	0 0.0	574,563 100.0
H-2農協	1,414,402 100.0	0 0.0	1,414,402 100.0
I農協	166,723 100.0	0 0.0	166,723 100.0
合　計	6,827,795 100.0	1,875,907 27.5	4,951,788 72.5

資料：ヒアリング（2007年）による。

協が出荷ケースや規格を統一し、生産者にそれを遵守させている場合も含めている。また、共計については共計期間を設けてその間のみ共計を行っている農協も存在していることから、年間のうち一時期でも共計を行っている場合には要件を満たしたと判断している。

一方、農協の出荷組合を通じた販売については、実質的には地域や生産品目等を同じくする出荷者によって設立された出荷組合を通じて販売活動が行われるが、商流上は農協を経由させている出荷形態[12]と定義することとする。このため、このような形態によって出荷されたものは、市場の年報等においては農協からの集荷額に含まれている可能性が高い。

以上の定義によって調査対象農協の販売方法について確認すると、農協共販によって青果物を取り扱っているのはB・C・D・Fの4農協であり、出荷組合を通じて販売しているのがG・H-1・H-2・Ｉの4農協である。また、E農協については農協共販と出荷組合とを併用している。そして、これら農協における出荷方法別の取扱金額割合をみると農協共販が27.5％であるのに対して、出荷組合を通じた販売にはA・G・H-2というように比較的規模の大きな農協が含まれていることもあって、72.5％を占めている。

ここで、本節の内容について総括すると以下のとおりとなる。①東葛飾地域は調査時点において農協再編が遅れた地域であり、旧村単位の農協も残存した地域である。②青果物産出額に占める農協経由率は低く、生産者の販売活動において農協が果たす役割は決して大きくはない。③農協は全体的に野菜の取扱割合が高いものの、取扱品目については農協ごとに特徴がある。④農協の販売方法は農協共販と出荷組合を通じたものとに大別されるが、後者が中心的な方法となっている。

第3節　農協共販による販売対応

（1）B農協

本節においては、**表2-4**に基づいて調査対象農協における農協共販による

表2-4 農協共販の内容（2006年）

		対象品目	出荷者数	取扱額	出荷先
B農協		かぶ	15	74,300	宮城県、岩手県内卸売市場等
		チンゲンサイ	12	55,600	都内青果物流通業者等
		トマト	11	40,500	埼玉県内生協、大田市場等
		えだまめ	20	22,950	大田市場、岩手県内卸売市場等
		きゅうり	11	12,600	埼玉県内生協、大田市場等
		ねぎ	5	6,900	築地市場
		その他野菜	…	25,728	…
C農協		かぶ	44	663,352	東京都内卸売市場等
		根芋	7	30,934	
D農協	D-1支所	ねぎ	…	168,000	新潟県、福島県、埼玉県内卸売市場等
		かぶ	…		
		ほうれんそう	…		
		その他野菜	…		
	D-2支所	かぶ	…	189,000	松戸北部市場、淀橋市場等
		葉生姜等	…		
		その他野菜	…		
	D-3支所	葉菜類、根菜類等	…	160,000	大田市場
	D-4支所	果菜類等	…	30,000	淀橋市場、北足立市場
	D-5支所	果菜類等	…	40,000	北足立市場、柏市場
E農協		わけぎ	50	120,000	東京都、神奈川県内卸売市場
		ねぎ	20	40,000	宮城県内卸売市場
		えだまめ	20	13,000	
		トマト	4	5,000	
F農協		わけぎ	58	186,316	東京都内卸売市場等
		えだまめ	10	7,216	
		だいこん	10	5,149	
		その他野菜	…	3,269	

資料：ヒアリング（2007年）による。
注：…は事実不詳を意味する。

販売対応について、個別具体的に検討を行うこととする。

B農協は多品目の野菜を取り扱っており、そのすべてについて農協共販を行っている。比較的取扱額の大きな品目について出荷先を確認すると、まず、かぶについては仙台市中央卸売市場や盛岡市中央卸売市場の割合が高く、それ以外では足立区内青果物流通業者[13]や柏市公設総合地方卸売市場等に出荷している。また、チンゲンサイについてはかぶと同じ青果物流通業者の割合が高く、トマト及びきゅうりについては埼玉県内や茨城県内の生協の割合が高くなっている。さらに、えだまめについては東京都中央卸売市場大田市場や盛岡市場に出荷しているように、品目によって出荷先の構成は大きく異なっている。すでにみたようにB農協の青果物取扱額は決して大きくはなく、

第 2 章　農協を経由させた青果物の出荷対応

単位：実数、千円

輸送方法	精算方法	備　　考
農協が運送業者に委託	農協共計	生産者はきゅうりと共通。
		生産者はトマトと共通。
農協が運送業者に委託	主に農協共計	4～6月、10～12月に農協共計。
農協が運送業者に委託	農協共計	
農協が運送業者に委託	主に農協共計	周年的に農協共計。
出荷先が運送業者に委託	主に個別精算	4～7月に農協共計。
		6～7月に農協共計。
	主に農協共計	4～6月に農協共計。
農協が運送業者に委託	農協共計	
		だいこんは「亀戸大根」。

　このように出荷先を分散させたのでは出荷経費の増大が懸念されるが、現在の取引先とはいずれも歴史的な経緯があることから容易には変更できず、同時に、卸売業者に対して複数市場に出し分ける姿勢を示さないと生産者にとって有利な価格が形成されないという理由もあって、調査時まで維持されている。
　市場までの輸送は農協が運送業者に委託することによって行われており、販売代金の精算についてはすべて農協単位で共計されている。
　なお、B農協は約30年前までは青果物を取り扱っておらず、生産者は個人や出荷組合を通じて市場等に出荷していた。このようななかにおいて、生産者の所得安定を図るため農協で荷を集めて出荷ロットを拡大するとともに、選別基準を統一するなどの対策を採ることによって、調査時にあるような共

43

販体制を構築してきたという経緯がある。しかし、B農協の共販は小規模分散型の出荷となっており、ロットを取りまとめて市場に出荷することによる高価格形成や出荷経費の削減には結びついていないのが現状である。

さらには、B農協に出荷する生産者は高齢化[14]しているとともに、2005年8月のつくばエクスプレスの開業による2つの新駅建設に伴う農地転用や市街化区域化、将来的には柏市場の農協管内移転[15]による農地転用によって、B農協の青果物生産を取り巻く環境は悪化の一途をたどっているのが現状である。このため、農協としては10年後には調査時の生産者がどれだけ農業を継続しているか、見通しが立たない状況に追い込まれている。

(2) C農協

C農協はかぶと根芋の2品目のみを取り扱っているが、このうちかぶの金額割合が高く、青果物取扱額の95.6%を占めている。なお、根芋[16]とはさといもを収穫した後の親芋から生えた新芽のことで、うどと同じく旅館等で使用される和食の食材として利用されている。

かぶの出荷先は、東京都内の大田市場や東京都中央卸売市場築地市場、同北足立市場、同淀橋市場等の計8市場で全体の80～90%を占めており、それ以外では全農青果センター㈱や神奈川県内卸売市場となっている。また、一部については全農千葉県本部の青果集品センターを通じて、生協や大手量販店等に納品されている。

全農千葉県本部の青果集品センターを通じた販売は、2006年から開始されている。具体的には、全農が生協や大手量販店等からの受注を取りまとめて県内の農協に出荷分担を割振り、各農協は全農が柏市内に設置した集品センターに納品するという流通形態である。C農協における集品センターへの出荷割合は、2006年は約1,000万円に過ぎなかったが、2007年には約5,000万円を見込んでおり、今後、成長が期待できる販売方法であるとしている。同農協が全農の集品センターに納品する利点としては、市場出荷と比較して生産者の手取額が上昇する[17]ことと、価格交渉を交渉力のある全農が行うこと

によって、取引価格を安定的に維持することが可能になる点があげられる。また、全農はかぶならばC農協、だいこんならばD農協というように各農協の得意品目を踏まえて発注しており、単協の壁をこえた調整が可能となっている。このため、2006年において全農集品センターに納品している同地域の農協はC農協と後述のD農協のみであるが、今後は参加する農協の拡大が期待されているところである。

　根芋の販売先については都内市場の割合が高く、大田市場、築地市場、北足立市場、淀橋市場の4市場で全体の70～80％を占めている。ちなみに、根芋は特殊性の高い品目であることから流通経路も固定化しており、C農協出荷後は市場の特定の卸売業者及び仲卸業者を経由し、最終的には関東周辺の温泉旅館等に納品されている。

　市場までの輸送はかぶ、根芋ともに農協が運送業者に委託することによって行われており、販売代金の精算についても農協一括で共計されている。ただし、かぶについては共計期間が設けられており、出荷量の多い4～6月と10～12月以外の期間については共同輸送はするものの、生産者ごとの個別精算によって対応している。このように時期によって精算方法が異なる理由としては、出荷量が少ない時期は出荷者数も少なく、また出荷者による品質格差も大きいことから共計に不向きな点が指摘されている。

　C農協の共販品目のうち、かぶについては都内市場における知名度が高く、比較的ブランド化が進んでいるということができる。また、農協管内で生産されるかぶの約70％はC農協が取り扱っており、単品では高い農協経由率となっている。しかし、かぶと根芋以外の品目はすべて系統外で出荷されており、これら2品目の出荷者数も減少傾向にあることから、将来的には課題も多い。

(3) D農協

　D農協は支所単位で青果物の販売を行っていることから、以下においてもD-1からD-5の5つの支所別に検討していくことにしたい。しかし、D農協

の出荷対応についてはヒアリング時の制約から不明な点も多く、このためここでは概要の確認にとどめたい。なお、各支所の青果物取扱額は、D-1からD-3の3支所は1億6,000万円から1億9,000万円であるのに対し、D-4とD-5については3,000～4,000万円となっているように、支所間の格差が大きいという特徴がある。

　D-1支所はねぎ、かぶ、ほうれんそう等を取り扱っており、出荷先は新潟県内、福島県内及び埼玉県内の卸売市場となっている。D-2支所ではかぶや葉生姜等が取り扱われており、その出荷先は松戸市公設地方卸売市場北部市場や東京都中央卸売市場豊島市場、全農青果センター㈱となっている。また、だいこんについては全農千葉県本部の青果集品センターにも年間数百万円程度を納品している。D-3支所はD-1支所と同じく葉菜類や根菜類を出荷しており、出荷先市場は大田市場に1本化されている。D-4支所とD-5支所はいずれもトマトやきゅうり等果菜類の生産が盛んな地域であるが、ヒアリングによれば果菜類は生産者自身による庭先直売や移動販売等という形態によって販売される場合が多く、これら支所における農協経由率は低いとのことであった。市場までの輸送については、いずれも農協が運送業者に委託することによって行われており、販売代金の精算についても共計が行われている。

　ここで、D農協の出荷先が支所ごとに異なる理由については、同農協は2004年に5農協の合併によって誕生したものの、その後においても青果物の集・出荷は旧農協である各支所の独自性を維持したまま行われ、それが調査時にまで継続されていることによる。この間、農協全体で出荷先の集約化によるロットの拡大や輸送経費の削減について検討し、だいこんとえだまめについては一度は出荷先を統一したものの、その後、それを継続することができず調査時の状況に至っている。なお、出荷先を集約化できなかった要因としては、各支所ごとの出荷担当者と出荷先市場の担当者との間には長年にわたる人間関係が築かれており、このため出荷先の変更が容易でなかった点があげられている。これらのことから、D農協の共販はロット拡大による有利販売や共同出荷による経費削減には結びついていないということができる。

第2章　農協を経由させた青果物の出荷対応

それに加えて、D農協における青果物出荷の課題としては、農協管内における農産物直売所の設置[18]や生産者による庭先直売等の拡大による共販率の低下があげられている。

(4) E農協

E農協においては、わけぎ、ねぎ、えだまめ、トマトの4品目が農協共販によって取り扱われており、それ以外の品目については次節で検討する出荷組合を通じて販売されている。

E農協の共販について品目ごとに出荷先をみていくと、取扱金額が大きいわけぎについては都内市場の割合が高く、北足立市場や大田市場、築地市場、横浜市中央卸売市場本場等に出荷されている。また、ねぎとえだまめ、トマトについてはいずれも全量が仙台市中央卸売市場に出荷されている。このように、E農協の共販における出荷先は、わけぎが都内市場、それ以外は仙台市場というように明確に区分されており、同農協の青果物販売上の特徴となっている。このような販売が行われるようになった理由は歴史的な経緯にあり、1997年の農協合併以前からの出荷先が調査時まで継続されていることによる。ただし、トマトについては2001年頃までは都内市場に出荷していたものの、生産者の高齢化と農産物直売所の設置による出荷者数及び出荷量の減少によって、都内市場から求められるロットを確保できなくなったことを理由として、以前からねぎとえだまめを出荷していた仙台市場へと変更したという経緯がある。

市場への輸送については、都内市場の場合は農協が運送業者に委託することによって行われており、仙台市場に関しては出荷先の卸売業者が手配した運送業者によって輸送されている。

共販の対象となっている4品目のうち、わけぎについては周年出荷[19]されていることから年間を通じて共計が行われているが、それ以外の3品目については出荷量の多い時期のみ共計が行われ、それ以外の期間は生産者ごとに個別精算が行われている。このため、年間を通じてみた場合の共計割合は、

わけぎは約80％[20]、ねぎは約20％、えだまめは約30％、トマトは80〜90％となっている。

なお、E農協は2008年7月にF農協とG農協との合併を予定しており、F農協においてもわけぎを共販していることから、合併後は共販の統一による出荷ロットの拡大を検討している。しかし、そのためには選別規格の統一が必要であり、農協間の調整と併せて高齢化によって新しい規格への適応が難しい生産者をどのように取りまとめていくかが課題となっている。

(5) F農協

F農協はわけぎの取扱額が大きく、青果物全体の92.3％を占めている。それ以外では、えだまめやだいこん等が取り扱われており、そのいずれもが農協共販となっている。

品目別に出荷先を確認していくと、わけぎについては都内市場が中心であり、具体的には築地市場や大田市場が対象となっている。それら以外では松戸北部市場や全農青果センター㈱、大宮総合食品地方卸売市場等となっている。また、えだまめについては主として大田市場と築地市場に、だいこんについても大田市場と築地市場に出荷されている。

市場までの輸送については、いずれの品目についても農協が運送業者に委託することによって行われている。また、販売代金の精算方法も全期間を通じて共計が行われている。

F農協が扱う品目のうち、わけぎについては1982年頃から農協主導のもとでブランド化が進められているが、その背景には生産者の高齢化が存在している。具体的には、1980年頃までは同農協管内における中心的な生産品目はねぎであったが、同品目は生産者の体への負担が大きく腰痛等の原因となっていたことから、負担がより軽微であるとともに周年栽培が可能となるわけぎの生産へと生産者を誘導することによって、現在の産地が形成されている。また、それと併せて農協主導で共販体制の構築が行われている。F農協によれば、多数の生産者の荷を取りまとめる農協共販は個人出荷品と比較して

ロットが大きく、それに加えて農協が価格交渉を行うことから市場価格は安定する傾向にある点が指摘されている。

ただし、調査時のわけぎの出荷先は7社の卸売業者となっているが、1997年頃には9社であり、この間に2社減少している。その理由としては、生産者の高齢化や農地の宅地化によって農協の取扱数量が減少し、卸売業者から要求されるロットを確保することができなくなったことから、出荷先を絞り込まざるを得なかった点があげられている。

また、だいこんについては一般的に栽培されている「青首だいこん」ではなく、地域の在来品種である「亀戸大根」が生産されている。このような在来品種のリバイバルは、2001年頃から開始されている。しかし、一度廃れた品種は消費者にとっても利用方法が分からないものであることから需要が少なく、このため農協は、生産・出荷だけでなく需要の開発まで手がける必要が生じている。

このように、F農協については農協主導で共販体制を確立しており、なかでもわけぎについてはブランド化の推進によって市場での認知度も高いが、経年的には出荷量が減少するなどの課題を抱えている。

(6) 本節の小括

本節においては、東葛飾地域の農協における共販について検討してきたが、その結果について総括すると以下のとおりとなる。

第1に、共販体制が確立されている農協については、生産者の高齢化や農地の宅地等への転用によって共販への集荷量が減少する傾向にあり、このため卸売業者から要求されるロットを維持できなくなりつつある農協が存在している。

第2に、合併が行われた農協においても旧農協単位での出荷が継続されており、それに加えて小ロットのものをさらに多数分散出荷するという出荷対応が行われている。すでにみたように、同地域の農協は規模が小さくかつ共販率が低いことを踏まえれば、このような出荷対応は、ロット拡大による有

利販売の実現や出荷先の集約化による輸送経費の削減といった観点からは問題が多い。

その一方で、第3に、数量的には僅かではあるが全農千葉県本部の集品センターを通じて単協の壁を越えた納品が開始されており、今後の農協における販売対応の展開方向として注目される動きもみられている。

第4に、近く合併を予定している農協においてはそれを契機とするロットの拡大を志向しており、今後、農協合併による共販体制の強化・拡充の可能性も残されている。

以上、農協共販について検討してきたが、最後に東葛飾地域で農協共販が行われる意味について確認すると以下のとおりとなる。東葛飾地域における農協共販は、市場が近く個人出荷が容易に行えるという特徴のある同地域においても、個人で市場に搬入するだけの時間的余裕や輸送手段、労力等がなく、なおかつ農協の選別基準に合わせた調製ができるだけの技術水準にある生産者にとっては、共同輸送による労力削減、農協の決済機能の利用等の観点から、意味のある販売対応ということができる。ただし、農協共販を行うことによって高額販売の実現がもたらされたかについては、本研究からは明らかにすることはできなかった。

第4節　農協の出荷組合を通じた販売対応

(1) A農協

本節においては、東葛飾地域の農協における出荷組合を通じた販売対応について、**表2-5**に基づいて検討する。

A農協の管内ではキャベツ、えだまめ、ほうれんそう、トマト、みつば等多品目の野菜が生産されており、農協におけるこれら青果物の取り扱いは、管内の出荷組合が実際の集・出荷作業を担い、商流のみが農協を経由するという方法となっている。そして、A農協のこのような販売方法は相当以前から行われており、おそらく農協の共販活動が全国的に展開されるなかにおい

第2章　農協を経由させた青果物の出荷対応

て、同農協ではすでに自主的な組織として設立されていた出荷組合を農協の組織として取り込むことを通じて、調査時にみられるような集・出荷体制が確立されていったとされている。

　調査時において商流上農協を通している出荷組合は合計57組合であり、これら組合は基本的に集落単位で組織化されている。そして、出荷組合の多くは集荷場を使用しており、その規模はいわゆる「掘立小屋」程度の小規模なものから、国の補助を受けて設置した比較的規模の大きなものまで様々である。このため土地を含めた集荷場の所有者も、生産者、出荷組合、農協等というように出荷組合ごとに異なっている。青果物の選別基準は農協で統一したものが使用されており、出荷ケースについても農協によって品目ごとに作成されたものが用いられている。

　しかし、出荷市場の選択は各出荷組合が独自に行っているため、出荷先の累計は相当な数となっている。全体的には都内卸売市場が82〜83%を占めており、なかでも大田市場の割合が高く、次いで北足立市場や築地市場等となっている。それ以外では埼玉県内卸売市場や神奈川県内卸売市場、千葉県内卸売市場という構成である。市場までの輸送については各出荷組合が個別に運送業者を手配しており、農協は関与していない。

　販売代金の精算については、比較的取扱額の多い品目については各出荷組合の出荷者数も多いことから組合ごとの共計が行われているが、ほうれんそうや取扱量の少ない品目については個別精算が中心的である。ほうれんそうで個別精算が多くなる理由としては、同品目は取扱額や出荷者数は多いものの、出荷者ごとの品質格差が大きいことから共計に向かない点があげられている。

　A農協の青果物の販売上の課題としては、生産者の高齢化等によって農業からリタイヤする出荷者が多く、組合員数が3〜5名程度でしかない小規模組合が多数にのぼっていることにある。そして、このまま高齢化が進めばロットの関係から出荷組合単位で運送業者に委託するのが難しくなることが懸念されているが、その一方で、生産者は自分が属する出荷組合に対する愛着が

表2-5　出荷組合を通じた販売の内容（2006年）

	対象品目	取扱額	組合数	出荷者数	規格	出荷ケース	分荷権
A農協	キャベツ	291,741	57	106	農協規格	農協ケース	出荷組合
	えだまめ	289,727		208			
	ほうれんそう	269,964		263			
	トマト	172,106		36			
	みつば	163,575		9			
	なす	71,050		43			
	だいこん	63,102		32			
	春菊	62,746		…			
	にんじん	45,800		16			
	スィートキャロット	25,417		5			
	その他野菜	48,429		…			
E農協	農協共販対象品目以外の野菜	152,000	25	…	個人規格	農協又は市場ケース	出荷者
G農協	だいこん	297,000	30	450	農協規格	農協ケース	主に出荷者
	なし	197,000					
	ねぎ	158,000					
	キャベツ	110,000					
	その他野菜	378,000					
H-1農協	なし	409,731	18	180	市場規格	農協又は市場ケース	出荷組合
	その他野菜	164,921	5	30			出荷者
H-2農協	にんじん	727,741	10以上	146	農協規格	主に農協ケース	出荷組合
	なし	323,229		60			
	だいこん	123,535		41	組合規格		
	キャベツ	81,955		50			
	その他	177,652		…			
I農協	こまつな	116,163	5	30	主に組合規格	組合ケース	主に出荷者
	ほうれんそう	102,907		30			
	えだまめ	15,829		16	個人規格		出荷者
	トマト	15,467		3	組合規格		
	きゅうり	5,927		3	組合規格		
	その他野菜	430		…	個人規格	…	

資料：ヒアリング（2007年）による。
注：…は事実不詳を意味する。

強く、他組合との合併には応じてもらえないのが現状となっている。このため、同農協では複数の出荷組合の荷を組み合わせて運送業者を手配するなどの方法について検討しているところである。

（2）E農協

　E農協は前述のとおり、農協共販と出荷組合とを組み合わせた販売対応をとっており、出荷組合の扱いとなるものは比較的出荷量の少ない野菜となっ

第2章　農協を経由させた青果物の出荷対応

単位：実数、千円

出荷先	輸送方法	精算方法	備考
東京都内卸売市場：82～83% 埼玉県内卸売市場：10% 神奈川県内卸売市場：5% 千葉県内卸売市場：2～3%	出荷組合農協が運送業者に委託	主に組合共計	
		主に個別精算	
		主に組合共計	
		主に個別精算	
松戸北部市場、東京都内卸売市場等	出荷者持込、又は共販品と相積み	個別精算	
松戸北部市場、南部市場：65% 千葉県内卸売市場：3% 東京都内卸売市場：30% 埼玉県内卸売市場：2%	主に出荷者持込	主に個別精算	松戸北部市場及び南部市場は持ち寄り共選。
東京都内卸売市場等	組合が運送者に委託	組合毎に共計	
市川市場等	出荷者持込	主に個別精算	
東京都内卸売市場、船橋市場、松戸北部市場、千葉市場等	組合が運送業者に委託、又は出荷者持込	主に農協共計	松戸北部市場、船橋市場、千葉市場は持ち寄り共選。
		組合毎に共計	
		主に組合共計	
大田市場、葛西市場、船橋市場等	主に出荷者持込	組合毎に共計又は個別精算	トマトときゅうりの生産者は共通。
葛西市場等	出荷者持込	個別精算	
大田市場、葛西市場、船橋市場等		組合毎に共計	
船橋市場等		個別精算	
…			

ている。なお、E農協管内にある出荷組合のうち商流上農協を経由させているものは調査時において25組合であり、これらは集落や品目など様々な単位によって組織化されている。

　出荷品の選別については特に基準を設けておらず、基本的に各生産者の自主基準によって選別が行われている。しかし、実際には出荷先の卸売業者が、例えばほうれんそうならば1束300gというように指示を与えている場合が多い。また、出荷ケースについても農協のケースが使用されることもあるが、出荷先の卸売業者が自社のケースを定めている場合には、有利な販売を実

現[21]するためにも卸売業者のケースが使用されている。

　出荷先の決定は各出荷者が行っており、このため同じ出荷組合であったとしても出荷先は出荷者ごとに異なっている。全体的には最寄市場である松戸北部市場の割合が高く、次いで築地市場、大田市場、北足立市場等となっている。このうち、都内卸売市場については農協共販と共通の出荷先となっているが、このような場合、出荷組合の荷は共販品と相積みで輸送されており、その経費は運送業者が1ケース単位で単価を設定して計算し、各出荷者に対して請求している。しかし、距離的に近い松戸北部市場等の場合には共同輸送が行われておらず、各生産者自身によって市場に搬入されている。このように、E農協の出荷組合は青果物の集・分荷の上で果たす役割は少なく、実質的には生産者の個人出荷に近いものとなっている。このため、販売代金の精算についても生産者ごとに行われている。

　以上みてきたように、E農協の出荷組合による販売は組合ごとに異なっていることから一概にはいえないが、基本的に個人出荷というべきものである。このため、各出荷者は農協に商流を通すことによって、その債権保全機能を利用して販売代金の回収を保証したり、販売代金の決済機能を利用していると考えられる。それに加えて、出荷先市場が農協を通すことを要求する[22]という理由もあげることができる。なお、E農協は出荷者から手数料を徴収しておらず、このため同農協にとって青果物を取り扱うということは、販売代金が農協口座に振り込まれるという利点もあるが、基本的に組合員へのサービスとしての性格が強いということができる。

（3）G農協

　G農協は、だいこん、なし、ねぎ、キャベツ等多品目の青果物を取り扱っているが、これらの出荷にあたっては出荷組合が実務を担っている。調査時において、同農協の扱いとなる出荷組合数は支部も含めて30組合であり、これらは基本的に集落単位で設立されている。なお、これら出荷組合は農協が青果物を扱う以前から設立されており、それが農協の体制内に取り込まれる

第2章　農協を経由させた青果物の出荷対応

ことによって調査時の状態に至ったものとされている。また、G農協は市場から分戻しされる出荷奨励金を受け取ってはいるが、組合員からは青果物の販売手数料を徴収しておらず、このため同農協の販売事業は組合員へのサービス的な位置付けのものということができる。

　各出荷組合は、選別については農協が定めた規格によって行っており、出荷ケースについても農協のケースを使用している。出荷先の選択は出荷組合ではなく出荷者自身が行う場合が多く、後述するような共同輸送を行っている一部の出荷組合の場合のみ、各出荷組合の組合長が決定している。このため品目別の出荷先の詳細は分からないが、青果物全体では松戸北部市場と松戸市公設地方卸売市場南部市場の割合が高く、それ以外では都内卸売市場等となっている。

　市場までの輸送については、G農協の出荷組合は集荷場を所有していないことから、出荷者自身が行う場合が中心的である。しかし、鎌ヶ谷市内のなしについては共同輸送が行われており、また、一部の野菜については出荷組合が委託した運送業者が生産者を巡回し、庭先集荷したものを共同輸送している。

　このように、G農協における出荷組合を通じた青果物の出荷は、実質的には個人出荷に近いものといえることから精算方法も個人精算が多く、出荷組合単位の共計は共同輸送を行っている一部の組合に限られている。

　なお、G農協では、松戸北部市場及び同南部市場に出荷される青果物については「持ち寄り共選」が行われている。この場合の持ち寄り共選とは、出荷者が市場敷地内の一画に設けられた出荷組合の集荷場に直接持ち込むことによって、出荷を行うという方法である。そして、持ち寄り共選となるものについては、市場において出荷組合の組合長と農協職員が不定期に抜き取り検査を行うことによって、選別水準の向上が図られている。

　G農協の今後の意向としては、調査時において農協共販は行われていないが、管内においてはわけぎが生産されていることから、わけぎの共販を行っているE農協及びF農協との合併後は管内のわけぎ生産を奨励し、共販体制

を構築していくことを検討している。

（4）H-1農協

　H-1農協はなしの取扱額が大きく、以下においてはなしとその他野菜とに分けて検討していくことにする。

　同農協のなしを取り扱う出荷組合は調査時において18組合あり、1組合当たりの組合員数は数名程度から20名程度というように、大きな規模格差が存在している。しかし、管内のなしの生産者は自宅敷地内に設置した店舗等で庭先直売を行う場合が多く、出荷組合を通じた市場出荷は直売だけでは捌ききれないものの出荷調整的な位置付けとなっている。

　なしの選別基準については、各出荷組合によって出荷先市場の規格に合わせたものが作成されている。出荷ケースについては農協のものを使うこともあれば、出荷先市場が指定するケースがある場合にはそちらが使用されるなど、出荷組合によって弾力的な対応が行われている。分荷権は各出荷組合にあり、主な出荷先は都内市場の卸売業者10社や市川市公設地方卸売市場、松戸北部市場及び南部市場等となっている。集荷所から市場までの輸送については、出荷組合が運送業者に委託している。また、販売代金の精算については、出荷組合単位で共計が行われている。

　一方、野菜については地域ごとに5つの出荷組合が組織されており、これらにおいては市場の規格によって選別したものを、農協又は卸売市場が指定する出荷ケースに入れて出荷している。この場合の分荷権は出荷者個人にあり、市川市場や松戸南部市場、同北部市場等といった東葛飾地域内の市場等に持ち込まれている。このように、野菜については実質的に個人出荷であることから、代金精算も個別に行われている。

　H-1農協の青果物販売上の課題としては、取扱数量の減少があげられている。なしについては農協経由で市場出荷した場合、①販売代金から農協及び卸売業者の手数料が徴収される、②販売価格を生産者自身で決められない、③市場相場が長期的に低迷している等の理由から、生産者は経年的に販売方

法を市場出荷から庭先直売へとシフトさせつつある。このためH-1農協のなし取扱量は、1996年頃の約30万ケース/年から2006年には約15万ケース/年というように、この10年間で半減している。しかし、H-1農協もこれからの農協の事業は販売だけではないと考えており、このため生産者に対しても庭先直売を奨励し、農協は生産資材の提供等を通して生産者の生産支援に努力する方向で検討している。

（5）H-2農協

H-2農協管内は野菜類を中心とする青果物生産の盛んな地域であり、同農協も出荷組合を通じて多品目の青果物を取り扱っている。取扱額の多い野菜としては、にんじん、だいこん、キャベツ等があげられ、果物についてもなしの取扱額はにんじんに次いでいる。

H-2農協の取り扱いとなる出荷組合は地域ごとに組織された10組合であり、出荷先の決定を含めた出荷作業は各出荷組合によって担われている。また、管内には出荷組合の集荷場が10箇所設置されている。選別にあたっては、にんじんについては農協が定めた統一規格となっているが、それ以外の品目については各出荷組合ごとに異なった基準によって行われている。また、出荷ケースについては農協共通のものが使用される場合が多い。

出荷先は各出荷組合によって決定されており、都内の中央卸売市場を中心としながらも、千葉県内の比較的規模の大きな卸売市場等についても出荷されている。また、都内市場に関しては、品目は異なっていても共通の市場に出荷される傾向がある。市場までの運送については、各出荷組合が地元にある2社の運送業者に委託しており、これら運送業者は各出荷組合の荷を相互に調整しながら配車している。しかし、距離的に近い集荷場から同じ市場に対して平行してトラックが走ることもあり、物流合理化という観点では課題も多い。また、松戸北部市場及び同南部市場、船橋市中央卸売市場については、G農協と同じく持ち寄り共選が行われている。

販売代金の精算方法は品目ごとに異なっており、にんじんについては規格

が農協単位で統一されていることから約6割が農協共計によって精算されているが、それ以外の野菜は選別基準が出荷組合によって異なっており、このため、だいこんやキャベツに関する組合共計率は約6割を占めるなど、組合共計の割合が高くなっている。また、なしについてはすべて出荷組合による共計が行われている。

H-2農協における青果物販売上の課題としては、出荷者数の減少があげられている。なかでも指定産地であるにんじんについては、その地位を今後にわたって確保していくためにも生産者の新規確保が求められている。このため、農協としては地域の個人出荷者を対象に、農協を通した出荷方法へと変更するよう勧誘しているところである。また、今後はにんじんの加工原料としての利用を計画しており、調査時においては清涼飲料としての商品化について検討しているところであった。

(6) I農協

I農協管内では、こまつなやほうれんそう等の葉菜類が生産されており、歴史的にも生産者による個人出荷が盛んな地域となっている。I農協の青果物販売の特徴は、1995年当時すでに長期にわたって活動を停止していた出荷組合を農協主導によって再編し、新たに農協の「共販組合」として組織化したことにある。そして、このような取り組みによって、調査時にあるような出荷体制が構築されている。ただしI農協における共販組合は、後述するように東葛飾地域の他の農協における出荷組合と同様の機能を果たしていることから、共販組合という名称は再編前に存在していた休眠状態の出荷組合との違いを示すため、新たに作成された名称と考えられる。調査時においてI農協管内には共販組合が5組合あり、このうち品目別の組織が葉物野菜、トマト、きゅうりの3組合、集落単位の組合が1組合、そして、どちらにも属さないものが1組合となっている。

青果物の選別基準は共販組合ごとに品目別のものが作成されているが、1組合については選別基準が作成されていない。このため、基準のない組合が

扱うえだまめについては、個人規格によって選別されている。同時に、**表2-5**で「その他野菜」に含まれている出荷量の少ない品目についても選別基準がなく、個人規格によって選別が行われている。出荷ケースについては、各組合によって作成されたものが使用されている。

出荷先は農協と共販組合の協議によって決められているが、最終決定権は4組合については出荷者の総意にあり、また1組合については組合長にある。品目ごとに出荷先市場は異なっているものの、総じて大田市場や東京都中央卸売市場葛西市場、船橋市場等に出荷されている。市場までの輸送については、集荷場のある1組合のみが共同輸送を行っており、この場合の運送業者の手配は農協が行っている。それ以外の4組合については、出荷者自身によって市場に搬入されている。販売代金の精算については、集荷場があって共同輸送を行っている1つの共販組合については組合単位の共計となっているが、それ以外の4組合については個別に精算していることから、実質的には個人出荷というべきものである。

Ⅰ農協における青果物の販売上の課題としては、第1に数量の確保があげられており、調査時において卸売業者から要請されるロットに応えられない状況にあることを問題視している。第2としては、ロットの減少と関連して出荷先市場の集約化が検討されているが、出荷者は長年にわたる卸売業者との関係から個人の「のれん」を持っており、このため出荷先の変更に同意を得ることが難しく、集約化が進まない点があげられている。

(7) 本節の小括

本節においては調査対象農協における出荷組合を通じた販売について検討してきたが、その結果について総括すればおおよそ以下のとおりとなる。

第1に、出荷組合を活用した農協の販売とは、Ⅰ農協を除けば農協が販売事業を展開するにあたって新たに組織されたものではなく、既存の出荷組合を農協の販売事業の体制内に取り込むことによって形成された流通形態ということができる。

第2としては、出荷組合は共販と比べて総じて規模が小さく、実質的に個人出荷と変わらないものも含まれていることから、共販以上にロット拡大による有利販売や出荷経費の削減には結びついていないことが想定される。また、一つの農協の管内には多数の出荷組合が存在しており、これら組合が個別に運送業者に輸送を委託していることもあって、物流経費の削減という観点からは課題が大きいということができる。
　第3には、生産者の高齢化によるリタイヤ等によって組合員数が減少し、組織の維持が限界に近づきつつあったり、市場から求められる出荷ロットを維持できないなどの課題がある。このため、今後は出荷組合の統廃合や複数組合による共同輸送などが考えられるが、出荷者の同意が容易に得難いこともあって、取り組みが進んでいないのが現状である。
　ここで、実質的には出荷組合による出荷であるにも関わらず、商流上農協を経由させることの意味についてまとめると、以下のとおりとなる。まず、農協にとっては、①伝票処理等の事務作業を農協が担うことによって手数料収入が得られる。②出荷者の販売代金が農協口座に振り込まれることから、貯金残高の増加につながる。③生産資材等の購入者である農協組合員に対するサービスとしての3点をあげることができる。一方、出荷組合としては、①商流を農協やその上部の系統組織を通すことによって債権が保全され、卸売業者の倒産など不測の事態が生じたとしても販売代金の回収が可能となる。②出荷名義を農協とすることによって、卸売業者に対して仕切価格に関する牽制が行える[23]等をあげることができる。さらに、卸売業者にとっては販売代金を出荷組合や出荷者個人に対して個別に支払うのではなく、農協に対して一元化することができるという利点もある。このため、商流上農協を経由させることは、出荷組合や農協だけでなく、卸売業者にとっても意味のある方法となっている。
　最後に、本節においては商流上農協を経由させた出荷組合を通じた出荷についてみてきたが、東葛飾地域においてはこれら以外にも農協に商流を経由させない出荷組合が多数存在している。そして、このような農協を通さない

第2章　農協を経由させた青果物の出荷対応

出荷組合については、本書では第5章と第7章で取り上げた事例のなかに含まれてはいるものの、一つの章を割いて検討することはできなかった。しかし、卸売業者はこれまで取引のなかった出荷組合が新規に出荷を要請してきた場合、商流については農協を通すように依頼しているという事実を踏まえれば、商流を通すことはあくまで帳合上のことであり、農協に商流を通さない出荷組合の実態についても大きな相違はないものと考えることができる。

第5節　小括

本章においては、千葉県東葛飾地域を事例として、大都市近郊園芸生産地域の農協における青果物の販売対応の現状と課題について検討を行った。ここで、本章を通じて明らかとなった事柄について確認し、まとめとしたい。

最初に、東葛飾地域は2007年段階において農協再編が遅れており、それに加えて農協の取扱額は決して多くはなく、系統経由率は総じて低くなっている。また、農協の取り扱いとはなっていても狭義の農協共販は一部に過ぎず、その多くは実質的には出荷組合による出荷というべきものである。

このうち、農協共販の課題としては以下のとおりである。まず、一部の農協については共販体制が確立されているものの、近年は生産者の高齢化や農地の宅地等への転用によって集荷量が減少しつつあり、このため卸売業者から要求されるロットを維持できなくなりつつあるものが存在している。また、合併農協においても旧農協単位での出荷が継続されているだけでなく、ロットの小さいものをさらに多数分散出荷するという不合理な販売が行われている。しかし、一部の農協では全農千葉県本部の集品センターに納品するなど、新たな取り組みが展開されている。そして、合併を予定している農協については、それを契機とする共販体制の強化・拡充が志向されている。

農協の出荷組合を通じた販売の課題については、以下のとおりである。まず、出荷組合の出荷規模は農協の共販単位と比較して小規模であり、このなかには実質的に個人出荷と変わらないものが多く含まれていることから、

ロットの拡大による有利販売という観点からは農協共販以上に課題がある。輸送に関しては、合理的な物流体系が組まれていないこともあって、流通経費の削減には結びついていない。それに加えて、出荷組合の出荷者数は高齢化によるリタイヤ等によって減少しつつあり、このため農協共販以上に組織の維持やロット確保に課題を抱えているのが現状である。

　以上が本章の要約であるが、このような課題、特に生産者の高齢化やリタイヤ、農地の転用等による出荷ロットの縮小等の課題は、都市化の進みつつある全国の園芸生産地域において共通するものということができる。そして、今後においてもこのような傾向が続くのであれば、東葛飾地域において長年にわたる共販運動の展開のなかで確立されてきた共販体制は、将来的にその維持が難しくなる事態も想定されるところである。このためにも、現状における小規模な出荷体制の再編や出荷組合を含めた共同輸送体制の確立などの対策が、早急に望まれるところである。

注
1）『卸売市場データ集平成20年版』農林水産省総合食料局流通課　2009年4月によれば、2006年の市場経由率は、野菜75.8％、果実46.6％である。
2）『卸売市場データ集平成20年版』農林水産省総合食料局流通課　2009年4月によれば、2007年の中央卸売市場の集荷に占める農協系統出荷団体の割合は、野菜56.4％、果実59.5％である。
3）太田原［2］のpp.87～90による。
4）千葉県野菜園芸発達史編さん会編［9］のpp.338～341によれば、千葉県内では1926年頃には集落単位の出荷団体がほぼ設立されていた。また、同書のpp.430～435によれば、1965年の段階で東葛飾地域には合計190の出荷組合が組織されている。以下は憶測であるが、東葛飾地域において1920年代と比較的早い段階に多数の出荷組合が稠密に設置された要因としては、同地域が都市近郊の園芸生産地域として成長していく過程において、出荷者個人では対応が難しい都内等にある青果物問屋までの効率的な輸送、すなわち共同輸送を行う必要があったことが考えられる。
5）東葛飾地域には調査時には9つの農協が存在したが、2008年7月1日にE農協とF農協及びG農協が合併し、2010年1月1日にはA農協とC農協及びI農協が合併するとともに、B農協がH農協に吸収合併されたことから、2010年2月現

第2章　農協を経由させた青果物の出荷対応

在では4つの農協に再編されている。ところで、2010年1月の合併は必ずしも位置的に近い農協間での合併ではなく、このため青果物の集・出荷面での合理化を目的とするものとは考え難い。また、2010年1月に全農千葉県本部に対して行ったヒアリングによれば、合併後も各農協は旧農協単位で販売事業を行っていることから、現在においても本章で検討した内容に大きな変化はないと考えられる。

6）農協共販は長年にわたる共販活動の展開によって現在の体制が構築されてきたことから、分析にあたっては歴史的な展開過程についての検討が不可欠と考えられるが、農協へのヒアリングにあたっては対応者がこれまでの経緯について把握していなかったことや資料的な制約もあって、青果物の取り扱いの現状についてしか聞き取ることができなかった。なお、本書の5章でも触れているように、同地域の共販活動の展開過程には相当な曲折があったことが予想され、農協ごとにその経緯を把握することは容易でないと考えられる。

7）注の5）にあるように2010年1月段階では4農協に再編されているが、全国的な傾向である1郡1農協や1県1農協という動きのなかでは、東葛飾地域の現在の農協数は少ないとは言い難い。なお、2007年5月に行った全農千葉県本部へのヒアリングによれば、東葛飾地域の農協を1つにするという構想はあるものの、諸般の事情により具体化していないとのことであった。

8）2007年5月に行った全農千葉県本部へのヒアリングによる。

9）『平成18年千葉県生産農業所得統計』による。

10）後述のように、I農協については出荷組合という名称を使用せず共販組合と呼称しているが、この場合も機能的には他の農協における出荷組合と同じであることから、本章で出荷組合全体について論じるときには出荷組合と総称する。

11）農協共販の要件については、農協共販運動の展開のなかで使用されてきた共販3原則（無条件販売、平均売り、共同計算）や白武が［7］で完全共販として用いた共同輸送、共同選別、共同計算等がある。

12）全農東京都本部や同埼玉県本部へのヒアリングによれば、このような出荷組合を利用した農協の出荷対応は、東京都内や埼玉県内の農協においても広く行われているとのことである。

13）同社は市場外の業者であり、農協や契約生産者等から仕入れた青果物を、主として大手量販店に納品している。

14）例えば、ねぎは労力負担が大きく高齢者が生産するには不向きであることから、B農協を通じてねぎを出荷する生産者は1999年から2006年までの7年間に1/8にまで減少している。

15）柏市では、現在の柏市公設総合地方卸売市場の移転再整備を検討しており、その候補地としてB農協管内が予定されている。

16) 根芋を栽培するにあたっては、生産者は千葉県や栃木県のさといも産地を巡回して本来ならば廃棄される収穫後の親芋をもらい受け、それを自分の圃場に移植し、そこから生える新芽を根芋として収穫している。
17) 市場に出荷した場合の生産者手取価格は「販売額×0.905－輸送費」であるのに対し、全農に納品した場合の手取価格は「販売額×0.955－輸送費」となっている。
18) D農協の管内には、本書の第6章で検討する直売所Bと直売所Cが設置されている。
19) わけぎの最終需要先は量販店よりも業務関係が多く、このため周年的な供給が求められている。
20) わけぎは周年的に共計が行われているものの、個別精算を望む生産者も存在していることから、共計割合は100％とはならない。
21) 本書の第5章における出荷者へのヒアリングによれば、卸売業者が自社の出荷ケースを定めている場合については、卸売業者は取引価格を設定するにあたって、自社ケースで出荷されたものの価格を高くする傾向があることが指摘されている。
22) 2010年2月に松戸南部市場の卸売業者に対して行ったヒアリングによれば、卸売業者はこれまで取引のなかった出荷組合が新規に出荷を要請してきた場合、販売代金の支払いを農協に一元化するため、商流については農協を通すように依頼しているとのことである。
23) 本書の第5章では、出荷者が実質的には個人であっても出荷組合名義で出荷する理由として、個人では卸売業者から重要視されないが、出荷組合ならば卸売業者に対して高い相場で仕切るように牽制することが可能となる点が指摘されている。このことから、出荷組合についても農協に商流を通すことによって、同様の効果が期待されていると考えられる。

引用文献
[1] 我孫子市史編纂委員会編『我孫子市史　近現代篇』我孫子市教育委員会、2004年。
[2] 太田原高昭「地域農業の振興と農協の課題」『明日の農協』農山漁村文化協会、1986年、pp.59～119。
[3] 大西敏夫「近郊産地の役割と卸売市場」『流通再編と卸売市場』筑波書房、1997年、pp.56～67。
[4] 木村彰利「大都市近郊園芸生産地域の卸売市場における個人出荷野菜の集・分荷に関する研究―千葉県東葛地域を事例として―」『農業市場研究』第16巻第1号、2007年6月、pp.29～41。
[5] 木村彰利「大都市近郊園芸生産地域に存在する地方卸売市場における個人出

荷青果物の流通構造に関する研究」『農業市場研究』第14巻第2号、2005年12月、pp.64～72。
［6］木村彰利「東京都中央卸売市場における個人出荷野菜の流通実態に関する一考察」『農政経済研究』第26集、2004年12月、pp.27～36。
［7］白武義治「地域流通と農協共販—九州を中心に—」『農産物市場研究』第22号、1986年4月、pp.9～20。
［8］田村安興「広域流通と大型共販の展開—高知県施設園芸を対象として—」『農産物市場研究』第22号、1986年4月、pp.1～8。
［9］千葉県野菜園芸発達史編さん会編『千葉県野菜園芸発達史』千葉県野菜園芸発達史編さん会、1985年。
［10］成田拓未「農協共販と下位等級品果実産直」『農業市場研究』第14巻1号、2005年6月、pp.1～10。

第3章

東葛飾地域内市場における個人出荷野菜の流通

第1節 本章の課題

　近年の青果物の卸売市場流通は生産・流通双方の大型化が進行しつつあり、青果物の卸売市場流通を論じるにあたっては、市場経由率の低下や取引方法の変容などとともに、中心的な流通経路である出荷団体と消費地の卸売市場とを結ぶ比較的規模の大きな流通が取りあげられるケースが多い。その一方で、卸売市場においては個人出荷者に代表されるような多様な出荷者による地場流通も少なからず行われており、このような流通は、規模こそ小さいものの出荷団体等を出荷者とする大量・広域的な流通とは役割を分担しながら機能していると想定される。このため、個人出荷による青果物の流通実態や流通において果たす役割を明らかにすることは、卸売市場が持つ多面的な機能を評価するうえで重要と思われる。
　また、地場産青果物は鮮度の良さや産地の顔が見えることによる安心感から量販店や消費者からの要望が高く、その評価は高まりつつある[1]。このような地場産青果物は、市場外流通が増大する現状においても生産者自身によって卸売市場に出荷されるケースが多く、このような個人出荷青果物の流通実態を解明することは、今後の卸売市場流通のあり方や評価について論ずるうえで意義があると考えられる。さらには、後述するように大都市近郊園芸生産地域にある卸売市場は、消費地市場であるとともに産地市場としての性格を持つことが想定され、その生産・出荷の担い手として個人出荷者の重要性は高いということができる。

このため、本章においては大都市近郊園芸生産地域の卸売市場における個人出荷青果物、なかでも東葛飾地域で生産量の多い野菜の流通実態について解明することを課題[2]とする。なお、本章の検討対象は前掲表1-11の分類にしたがえば、全て狭義の個人出荷であるパターン6に該当するものである。

ここで、これまでの卸売市場における青果物の地域流通に関する主要な研究蓄積について確認すると、藤島・辻［5］、小野［1］、藤田［6］［7］による研究があげられる。これらのうち、藤島・辻論文は和歌山市中央卸売市場における卸売業者、仲卸業者、生産者立売人の集荷業務分担について分析したものであり、小野論文は大阪市中央卸売市場東部市場の近郷売場における野菜の集・分荷構造について検討している。しかし、いずれも単独の市場が対象であり、地域的な広がりを持った市場群を対象とした分析ではない。卸売市場は、同一地域内の同一規模の市場であったとしてもその性格は必ずしも同じではないことから、本章においては特定の地域内の市場群を対象に、面的な視角を踏まえた分析を行いたい。

また、藤田論文においては、大阪府内の市場群の実態や青果物流通の展開について、地場流通に着目した検討が行われている。しかし、同研究は関西地方を対象とするものであり、関東地方についてはこれまでの研究蓄積が比較的手薄であったことから、本章においては青果物流通の地域による多様性に関する研究蓄積を図るという観点から、東京都の後背産地である東葛飾地域を対象としたい。

卸売市場の産地市場的な性格に関する研究としては、坂爪［4］等がある。しかし、同研究は園芸生産県に立地する市場における消費地市場への転送に関する研究であることから、本章においては大都市近郊園芸産地に立地する市場を対象に、産地市場としての性格について検討することとしたい。

関東地域を対象とする地場流通に関する研究としては、埼玉県東南部の卸売市場における個人出荷青果物の流通に関する木村［2］があり、また、本書の第4章において、東京都内の拠点市場における個人出荷野菜の集・分荷に関する分析を行っている。これらの研究においては、埼玉県東南部及び東

第3章　東葛飾地域内市場における個人出荷野菜の流通

京都区部ともに地域内の卸売市場と東葛飾地域との結びつきを指摘しており、市場の集荷に関して東葛飾地域の卸売市場との複層的な流通構造の存在が予想されるところである。同時に、埼玉県東南部の市場については産地市場的な性格についても指摘している。

本章の対象地域である東葛飾地域は、県内においても園芸生産、なかでも野菜生産の盛んな地域であり、東京都という大消費地に隣接するという立地環境もあって大都市近郊園芸生産地域が形成されている。一方、流通面では地域内に比較的多数の市場が配置されるとともに、東京都内等の卸売市場に対する生産者自身による出荷も可能な立地条件にある。同地域のこのような環境は埼玉県東南部[3]との共通性が高く、このため同地域の卸売市場は消費地市場としてのみでなく、産地市場としての性格を併せ持つケースも予想されることから、そこには複雑な流通構造の存在が想定される。

このため、本章においては2005年3月から翌年2月にかけて卸売業者を対象に実施したヒアリングの結果をもとに、以下の課題について検討を行うこととする。

第1に、県外から集荷される共選品等との関係に留意しつつ、同地域の卸売市場における個人出荷野菜[4]の集荷について明らかにする。

第2に、転送業者等による他市場への転送に留意しつつ、同地域の卸売市場における個人出荷野菜の分荷について明らかにする。

第3に、以上の検討を踏まえ、同地域と東京都内や埼玉県東南部の卸売市場との関係も比較検討することによって、大都市近郊園芸生産地域の卸売市場における個人出荷野菜の流通について考察を行う。

第2節　調査対象卸売業者の概要

東葛飾地域には図3-1にあるように、2005年時点において10市場の卸売市場が配置されており、11社の卸売業者が営業活動を行っている[5]。このように、同地域は県内の他地域と比較して市場が稠密に配置された地域[6]とい

図3-1 調査対象市場の所在地

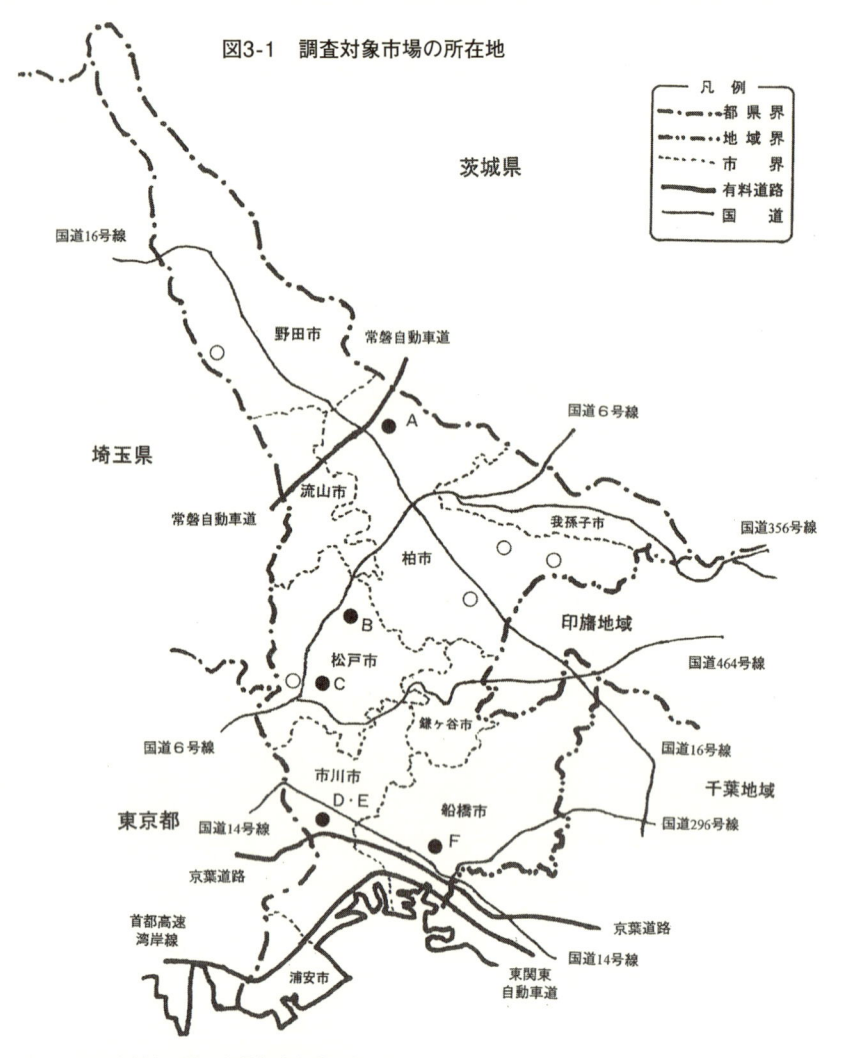

注：○は調査対象以外の青果卸売市場である。

うことができる。

　そして、本章においては同地域内の5市場6社を検討対象としており、その設立形態と所在地については**表3-1**、年間取扱額等については**表3-2**にまとめている。なお、これら6社の年間取扱額の合計は、同地域の卸売市場取

第3章　東葛飾地域内市場における個人出荷野菜の流通

表3-1　調査対象卸売市場の設立形態と所在地

	区　分	形態	所在地	備　　考
A社	地方卸売市場	公設	柏市	築地市場卸売業者の関連会社。
B社	地方卸売市場	公設	松戸市	築地市場卸売業者の支社。
C社	地方卸売市場	公設	松戸市	北足立市場卸売業者の支社。
D社	地方卸売市場	公設	市川市	E社と同一市場で営業。
E社	地方卸売市場	公設	市川市	D社と同一市場で営業。長野県内卸売業者の関連会社。
F社	中央卸売市場	公設	船橋市	

資料：千葉県資料による。

表3-2　青果物の年間取扱額等（2003年度）

単位：千円、%

	年間取扱額	うち野菜	うち個人	取引時間	仲卸業者数	備　考
A社	8,892,927 100.0	5,535,599 62.2	1,375,922 15.5	朝・夕	10社	
B社	25,285,525 100.0	17,454,005 69.0	138,554 0.5	朝・夕	8社	
C社	11,502,963 100.0	8,605,599 74.8	162,771 1.4	朝	11社	03年度途中で夕市は廃止。
D社	1,473,003 100.0	1,039,474 70.6	526,078 35.7	朝・夕	6社	
E社	3,573,311 100.0	2,493,453 69.8	914 0.0	朝	6社	
F社	13,163,461 100.0	8,783,069 66.7	1,548,401 11.8	朝・夕	19社	夕市は5/中～7/上の間のみ。
合計	63,891,190 100.0	43,911,199 68.7	5,130,290 8.0	—	—	

資料：千葉県資料及びヒアリング（2005年、2006年）による。
注：1）上記以外に、任意出荷組合や農業協同組合についても実質的に個人出荷と考えられるものもある。
　　2）取扱額の下段は割合である。

扱総額の98.0%[7]を占めている。ここで、各社の概要について確認すると、以下のとおりである。

　A社は柏市内の公設市場に入場しており、今回の調査対象のなかでは最も茨城県寄りに位置している。同社の年間取扱額は約89億円であり、うち野菜は62.2%、個人出荷品は15.5%を占めている。また、同社は夕市[8]も行っている。

　B社は松戸市の公設地方卸売市場の卸売業者であり、東京都中央卸売市場

築地市場の卸売業者の支社でもある。同社の年間取扱額は約253億円と比較的規模が大きく、同地域の拠点市場となっている。同社の野菜取扱額は年間取扱額の69.0％を占めており、うち、個人出荷によるものは0.5％である。また、同社では朝市だけでなく夕市も行われている。

C社は松戸市内に設置された、前述のB社とは別の公設地方卸売市場の卸売業者である。また、同社は東京都中央卸売市場北足立市場に入場する卸売業者の支社でもある。同社の年間取扱額は約115億円であり、うち野菜は74.8％、個人出荷は1.4％を占めている。同社はかつて夕市を行っていたが、取引への参加者数の減少を理由として2003年度の途中で廃止[9]している。

D社[10]は市川市内の公設卸売市場に入場する年間取扱額が約15億円の卸売業者である。このうち野菜取扱額は70.6％を占めており、個人出荷については35.7％と比較的高い割合となっている。

E社は先述のD社と同じ市川市内の公設地方卸売市場に入場する朝市のみの卸売業者である。同社は、2003年6月に長野県に本社のある卸売業者が従来の卸売業者を買収することによって設立されたものである。同社の年間取扱額は約36億円であり、そのうち野菜は69.8％を占めている。同社の個人出荷野菜は、取扱額の0.1％に満たない割合となっている。

最後に、F社については船橋市にある中央卸売市場の卸売業者であり、年間取扱額は約132億円である。取扱額に占める野菜の割合は66.7％、うち個人出荷によるものは11.8％となっている。同市場は朝市だけでなく、船橋市で生産量の多いにんじんが出荷される5月から7月にかけては夕市も行われている。

ここで、各市場の取引開始時間について確認しておくと、朝市はいずれの市場も午前7時となっているが、夕市については、B社15時、A社16時、F社17時、D社18時30分というように市場ごとに異なっている[11]。

以上が調査対象卸売業者の概要であるが、ここで、東葛飾地域産野菜に占めるこれら市場で取り扱われる個人出荷品の占有率についてみておきたい。同地域の野菜産出額は374億円[12]であり、調査対象市場における県産個人出

荷野菜の取扱額は後掲**表3-3**にあるように約29億円と推計されることから、その占有率は7.7％となる。しかし、調査対象市場の県産品取扱額には同地域以外の県産品も含まれていることを考慮すれば、実際には6～7％程度と考えられる。

第3節　個人出荷野菜の集荷実態

（1）A社

　以下においては、調査対象卸売業者における朝市・夕市別の個人出荷野菜の集荷について確認する。なお、調査対象卸売業者における個人出荷野菜の取扱額と集荷地域については**表3-3**、出荷者数と主要取扱品目については**表3-4**、巡回集荷については**表3-5**にまとめている。

　A社は取扱規模こそ大きくはないものの、野菜全体でみた場合、県外の出荷団体や商系等から比較的広域的な集荷が行われている。同社の個人出荷野菜の集荷について朝市からみると、野菜取扱額に占める個人出荷の割合は20.8％であり、その集荷先は県内が54.4％、県外が45.6％という構成である。このうち、県内については柏市を中心とする東葛飾地域の割合が高く、県外については茨城県内でも千葉県に近い地域から集荷されている。品目的には葉菜類や根菜類等となっている。同社は相当以前より巡回集荷を実施しており、その割合は朝市取扱額の約3％を占めている。巡回先地域は、柏市及び隣接する茨城県守谷市等である。

　続いて、夕市の野菜取扱額に占める個人出荷者の割合は87.9％と高く、それ以外の12.1％についてもその大部分が個人単位で出荷されており、実質的には夕市のほぼ全量が個人出荷とみなすべきものである。集荷先地域については県内が69.7％、県外が30.3％となっているように、県内の占める割合が高い。個人出荷者の所在地は、県内では柏市を中心とする東葛飾地域、県外については茨城県や埼玉県でも千葉県に近い地域となっている。出荷品目については朝市と同様である。夕市についても茨城県南部を対象に巡回集荷が

表 3-3　個人出荷野菜の取扱額と集荷地域（2003 年度）

単位：千円、%

	取引時間による区分	朝・夕別野菜年間取扱額	個人取扱額	県内取扱額	県外取扱額
A社	朝市	5,203,463 100.0 —	1,083,935 20.8 100.0	589,763 11.3 54.4	494,172 9.5 45.6
	夕市	332,136 100.0 —	291,987 87.9 100.0	203,506 61.3 69.7	88,481 26.6 30.3
B社	朝市	16,872,205 100.0 —	15,046 0.1 100.0	13,541 0.1 90.0	1,505 0.0 10.0
	夕市	581,800 100.0 —	123,509 21.2 100.0	111,158 19.1 90.0	12,351 2.1 10.0
C社	朝市	8,605,599 100.0 —	162,771 1.9 100.0	155,446 1.8 95.5	7,325 0.1 4.5
D社	朝市	571,711 100.0 —	254,775 44.6 100.0	152,865 26.7 60.0	101,910 17.8 40.0
	夕市	467,763 100.0 —	271,303 58.0 100.0	189,912 40.6 70.0	81,391 17.4 30.0
E社	朝市	2,493,453 100.0 —	914 0.0 100.0	914 0.0 100.0	0 0.0 0.0
F社	朝市	8,695,238 100.0 —	1,460,570 16.8 100.0	1,360,884 15.7 93.2	99,686 1.1 6.8
	夕市	87,831 100.0 —	87,831 100.0 100.0	87,831 100.0 100.0	0 0.0 0.0
合計	朝市	42,441,669 100.0 —	2,978,011 7.0 100.0	2,273,413 5.4 76.3	704,597 1.7 23.7
	夕市	1,469,530 100.0 —	774,629 52.7 100.0	592,407 40.3 76.5	182,223 12.4 23.5
	朝夕計	43,911,199 100.0 —	3,752,640 8.5 100.0	2,865,820 6.5 76.4	886,820 2.0 23.6

資料：千葉県資料及びヒアリング（2005 年、2006 年）による。なお、朝市・夕市別の個人取扱額、及び集荷先地域は推計による。
注：1）上記以外に、任意出荷組合や農業協同組合についても実質的に個人出荷と考えられるものもある。
　　2）取扱額の下2段は割合である。

第 3 章　東葛飾地域内市場における個人出荷野菜の流通

表 3-4　個人出荷野菜の出荷者数と主要取扱品目

	取引時間による区分	個人出荷野菜の出荷者数	主要取扱品目
A社	朝市	約50名	葉菜類（ほうれんそう、こまつな、ねぎ等） 根菜類（かぶ等） その他（谷中しょうが等）
A社	夕市	約50名	葉菜類（ねぎ、ほうれんそう等） 根菜類（だいこん等） その他（えだまめ、谷中しょうが等）
B社	朝市	約90名	葉菜類（ほうれんそう、こまつな、キャベツ等） 根菜類（かぶ、だいこん等）
B社	夕市	約80名	葉菜類（ほうれんそう、こまつな、キャベツ等） 根菜類（かぶ、だいこん等）
C社	朝市	約100名	葉菜類（キャベツ、ねぎ、ほうれんそう等） 根菜類（だいこん等） その他（えだまめ等）
D社	朝市	約300名	葉菜類（こまつな、ほうれんそう等）が中心
D社	夕市	約200名	葉菜類（こまつな、ほうれんそう等）が中心
E社	朝市	…	葉菜類（こまつな、ほうれんそう、キャベツ等） 根菜類（だいこん、にんじん、かぶ等） その他（えだまめ等）
F社	朝市	150〜200名	葉菜類（こまつな、ほうれんそう、ねぎ等） 根菜類（かぶ、だいこん、にんじん等）
F社	夕市	30〜50名	にんじん（約95％） その他（えだまめ等）（約5％）

資料：ヒアリング（2005年、2006年）による。
注：1）出荷者数は登録者数ではなく比較的継続して出荷している常時出荷者数である。
　　2）…は事実不詳を意味する。

表 3-5　個人出荷野菜の巡回集荷

単位：％

	取引時間による区分	実施の有無	個人出荷野菜に占める割合	集荷地域	備考
A社	朝市	有	3	柏市、茨城県（守谷市）等	
A社	夕市	有	30	柏市、茨城県（守谷市、牛久市、阿見町）等	
B社	朝市	無	－	－	
B社	夕市	有	20	松戸市、野田市、柏市、船橋市、市川市等	1970年頃開始
C社	朝市	有	1	茂原市等	12〜3月に週3回実施
D社	朝市	無	－	－	2004年に中止
D社	夕市	有	60	市川市、八街市、富里市、白井市、佐倉市、八街市等	一部は運送業者に委託
E社	朝市	有	－	－	
F社	朝市	無	－	－	地元の運送業者が実施
F社	夕市	無	－	－	

資料：ヒアリング（2005年、2006年）による。

行われており、その割合は夕市取扱額の約30％を占めている。近年では柏市周辺でも生産者の減少がみられる[13]ことから、集荷先として茨城県等の県外産地の重要性が増しつつあり、個人出荷野菜の集荷圏は外延化が進行している。

(2) B社

　東葛飾地域の拠点的な市場の卸売業者であるB社は、その取扱規模の大きさもあって全国の出荷団体等から直接集荷できるだけの集荷力があり、他都市の中央卸売市場に比肩し得るような広域的な集荷圏が形成されている。同社の朝市の野菜に占める個人出荷品の割合は0.1％以下であり、その集荷先地域は松戸市及び柏市を中心とする県内が90.0％を占めているように、市場所在市周辺が主な集荷先となっている。品目的には葉菜類や根菜類が取り扱われている。なお、同社の朝市における個人出荷野菜については、その約25％が買付によって集荷されており、その理由としては、生産者に対して卸売業者が価格を保証することによって、量販店の要望が高い地場産野菜を安定的に確保することがあげられている。

　夕市については、野菜取扱額に占める個人出荷品の割合は21.2％である。しかし、同社においては任意出荷組合や農業協同組合についても実質的には個人出荷とみなすべきものが含まれていることから、実質的な個人出荷率はこれより高くなっている。個人出荷野菜に占める県内産の割合は90.0％である。また、夕市においても朝市と同様の品目が取り扱われている。夕市の巡回集荷は1970年頃から行われており、調査時において取扱額の約20％が同方法によって集荷されている。巡回集荷の対象となるものは、出荷者1人当たりの出荷量が少なく、なおかつ輸送のための労働力や手段、時間を持たない出荷者の出荷品である。しかし、かつての最盛期にはトラック4台で巡回していたものが、近年では出荷者の減少によって2台にまで縮小されている。

第3章　東葛飾地域内市場における個人出荷野菜の流通

(3) C社

　C社は、B社やF社に次いで取扱規模が大きく、全国の出荷団体等を含む広域的な集荷が行われている。同社の個人出荷野菜[14]は野菜取扱額の1.9%を占めている。県内の集荷先は松戸市、柏市、市川市などの東葛飾地域であり、県内産の割合は個人出荷野菜取扱額の95.5%を占めている。県外については4.5%であり、地域的には茨城県や埼玉県等の隣接県から集荷されている。品目的には、集荷地域に係わらず葉菜類や根菜類が取り扱われている。また、茂原市を中心とする巡回集荷も行われているが、対象品目は比較的単価の高いねぎに限定しており、時期的にも冬期間に限定されている。個人出荷野菜の集荷方法については基本的に委託によるが、B社と同様の理由からその約25%は買付となっている。

(4) D社

　D社は朝市と夕市との取扱額の差が少なく、他社と比較して夕市の占める割合が高いという特徴をもっている。同社の朝市については野菜の44.6%が個人出荷品によって占められており、個人の割合が高い卸売業者といえる。その集荷先は県内の割合が60.0%と高く、市川市を中心とする東葛飾地域から集荷されている。また、県外の40.0%については茨城県や東京都からの集荷である。品目的には集荷地域に係わらず葉菜類が中心となっている。同社は2000年頃から朝市の巡回集荷を行っていたが、県内各地に農産物直売所が設置され、多くの個人出荷者が出荷先をD社から農産物直売所へと切り替えたため、集荷が難しくなったことを理由として2004年に取り止めている。

　一方、夕市については取り扱われる野菜の58.0%が個人出荷品である。また、表出していないが品揃えのため他市場からの転送[15]も受けている。個人出荷野菜の集荷先は県内が70.0%を占めており、地域的には市川市を含む東葛飾地域が中心となっている。また、県外の30.0%については茨城県及び東京都からの集荷であり、経年的に増加する傾向にある。同社の夕市については、

県内への巡回集荷によるものが約6割を占めていることから明らかなように、集荷量を確保するため卸売業者による積極的な集荷努力が必要となっていることがうかがえる。

(5) E社

E社は県外からの集荷に努力しているが、集荷の約4割が長野県内にある本社からの転送となっているように、本社の集荷力に依存することで必要数量を確保している。同社の野菜取扱額に占める個人生産者の割合は0.1％に満たないが、市川市を中心とする東葛飾地域から集荷しており、品目的には葉菜類や根菜類が取り扱われている。同社では、調査時において野菜の巡回集荷は行われていないが、量販店の要望の高い個人出荷野菜を確保するためにも、将来的には行わざるを得ないとしている。

(6) F社

F社の朝市については、中央卸売市場ということもあって全国の出荷団体等から集荷が行われている。朝市の取扱額に占める個人出荷品の割合は16.8％であり、その集荷地域は93.2％が県内、それも船橋市内からの集荷が大部分を占めている。品目的には、葉菜類や根菜類が取り扱われている。一方、個人出荷品の県外割合は6.8％となっており、東京都や茨城等隣接県から集荷されるとともに、夏季については長野県や群馬県、東北諸県といった冷涼な地域からも葉菜類が入荷している。

夕市については前述のとおり開市期間が限られるとともに、品目的にもその約95％までがにんじん[16]となっているように、極めて限定的である。夕市への出荷者はすべて個人出荷者であり、その所在地は大部分が船橋市内である。

(7) 本節の小括

本節においては、調査対象卸売業者における個人出荷野菜の集荷について

第3章　東葛飾地域内市場における個人出荷野菜の流通

検討してきたが、ここにおいて小括しておきたい。

　まず、個人出荷野菜の集荷地域については、調査対象となった卸売業者全体では朝市の76.3％、夕市の76.5％が県内であり、なかでも市場所在地域である東葛飾地域が中心となっている。その一方で、茨城県をはじめとする隣接県からの出荷量も少なくはなく、特にA社やD社のように個人出荷野菜の県外集荷率の高い卸売業者においては、集荷圏の外延化が進行している。

　ここで、個人出荷野菜の集荷方法についてみておきたい。調査対象市場における個人出荷野菜の集荷は基本的に委託によって行われているものの、一部の朝市市場においては買付集荷も行われており、数量確保のためには卸売業者による積極的な集荷努力が必要となりつつあることがうかがえる。

　なお、調査対象には他市場卸売業者の関連会社が4社含まれているが、これら業者は県外品等については関連会社間で荷を転送し合う関係にあるものの、個人出荷野菜に関してはいずれも自社完結的な集荷を行っている。

第4節　個人出荷野菜の分荷実態

（1）分荷に関する卸売市場の類型区分

　本節においては、調査対象卸売業者における朝市・夕市別の分荷について検討を行う。なお、調査対象における個人出荷野菜の分荷先業態については**表3-6**、分荷地域と分荷の類型については**表3-7**にまとめている。

　なお、この場合の類型区分[17]の定義については以下のとおりとした。①地域分荷型：取り扱った個人出荷野菜の過半数が県内に最終分荷される市場、②準広域分荷型：取り扱った個人出荷野菜の過半数が京浜等の千葉県を除く関東地方に最終分荷される市場、③広域分荷型：取り扱った個人出荷野菜の過半数が東北地方等の関東以遠に最終分荷される市場の3類型である。

（2）A社

　A社の朝市における個人出荷野菜の販売先は、一般小売店等[18]が約70％、

表 3-6　個人出荷野菜の分荷先業態

単位：％

市場名	取引時間による区分	分荷先の業態	金額割合
A社	朝市	一般小売店等（約45店）	70
		仲卸業者（5社）	30
	夕市	転送業者（10～15人）	90
		仲卸業者	5
		一般小売店等	5
B社	朝市	仲卸業者（8社）	50
		量販店（1社）	30
		一般小売店等（約150店）	10
		納入・加工業者	10
	夕市	転送業者（約30人）	87
		仲卸業者	10
		一般小売店等	3
C社	朝市	仲卸業者（3社）	40
		量販店（3社）	20
		一般小売店等（約100店）	10
		転送業者（4人）	10
		他市場卸売業者	5
		その他	15
D社	朝市	一般小売店等（80～100店）	70
		仲卸業者	20
		量販店（1社）	10
	夕市	量販店（5～6社）	40
		移動販売業者（30人）	30
		納入業者（7～8人）	20
		転送業者（2～3人）	10
		仲卸業者	－
E社	朝市	量販店	34
		加工業者	34
		仲卸業者	19
		一般小売店等	13
F社	朝市	仲卸業者（19社）	80
		一般小売店等（50～100店）	20
	夕市	仲卸業者（6～7社）	70
		一般小売店等（約20店）	20
		転送業者（3～4人）	10
合計	朝市	仲卸業者	54
		一般小売店等	42
		量販店	2
		転送業者・他市場	1
		その他	1
	夕市	仲卸業者	11
		一般小売店等	15
		量販店	14
		転送業者・他市場	52
		その他	7
	朝夕計	仲卸業者	46
		一般小売店等	36
		量販店	5
		転送業者・他市場	12
		その他	2

資料：ヒアリング（2005年、2006年）による。
注：1）各社の分荷先業態の金額割合は概数である。
　　2）合計は加重平均によって算出した。
　　3）ラウンドの関係から合計は100にはならない。
　　4）合計の一般小売店等は移動販売店を含む。

第 3 章　東葛飾地域内市場における個人出荷野菜の流通

表 3-7　個人出荷品の分荷先地域と分荷の類型

単位：％

市場名	取引時間による区分	分荷地域の金額割合	分荷の類型
A社	朝市	県内：90 関東：10	地域分荷型
	夕市	県内：19 関東：72 東北：9	準広域分荷型
B社	朝市	県内：90 関東：10	地域分荷型
	夕市	県内：13 関東：30 東北：57	広域分荷型
C社	朝市	県内：85 関東：15	地域分荷型
D社	朝市	県内：95 関東：5	地域分荷型
	夕市	県内：60 関東：40	地域分荷型
E社	朝市	県内：90 関東：10	地域分荷型
F社	朝市	県内：95 関東：5	地域分荷型
	夕市	県内：20 関東：20 東北：60	広域分荷型
合計	朝市	県内：93 関東：7 東北：0	－
	夕市	県内：33 関東：48 東北：19	－
	朝夕計	県内：80 関東：16 東北：4	－

資料：ヒアリング（2005 年、2006 年）による。
注：1）各社の分荷地域の金額割合は概数である。
　　2）合計は加重平均によって算出した。

仲卸業者が約30％というように、主として一般小売店等に販売されている。これら一般小売店等の所在地は、東葛飾地域を中心に県内他地域や埼玉県及び茨城県の一部となっている。このように、同社の朝市の分荷地域は県内の割合が高く、その約90％を占めていると考えられることから、地域分荷型に区分される。

　一方、夕市においては転送業者[19]の割合が約90％と高く、それ以外は仲卸業者と一般小売店等となっている。同社の夕市で仕入れている転送業者の数は10～15人であり、その搬出先は東京都及び神奈川県内の卸売市場が約

81

72％、東北6県の市場が約9％、県内他市場が約6％、量販店等への納品が約3％という構成である。また、仲卸業者及び一般小売業者等への販売分については、ほぼ全量が県内に供給されている。このようにA社の夕市は、その搬出先の72％が千葉県を除く関東地方であることから、準広域型に区分される。

(3) B社

B社の朝市における個人出荷野菜の販売先構成は、仲卸業者が約50％、量販店が約30％、一般小売店等が約10％、納入業者[20]や加工業者等が約10％となっている。一般小売店等の所在地は、松戸市、柏市、流山市が大部分を占めているが、一部には東京都や茨城県も含まれている。同社の朝市における個人出荷野菜の分荷地域は、仲卸業者経由分を考慮に入れても約90％が県内によって占められていることから、その類型は地域分荷型となっている。なお、同社の朝市では約25％が相対によって取引されている。その理由としては、個人出荷野菜は量販店からの要求が高く、このため共販品等とともに、個人出荷野菜についても取引開始時間以前の荷渡しが行われていることによる。

続いて、B社の夕市における販売先構成は、転送業者が約87％、仲卸業者が約10％、一般小売店等が約3％となっている。同社で仕入れる転送業者は約30人であり、その転送先は東北地方の割合が高く、福島県、岩手県、宮城県、岩手県の5県で約57％を占めている。また、東北地方以外の転送先は東京都内の中央卸売市場となっている。このように、同社の夕市における分荷地域は、東北地方が約57％、関東地方が約30％、県内が約13％という構成であることから、その類型は広域分荷型に分類される。

(4) C社

C社の個人出荷野菜の販売先構成は、仲卸業者が約40％、量販店が約20％、一般小売店等が約10％、転送業者[21]が約10％、他市場卸売業者が約5％、

第 3 章　東葛飾地域内市場における個人出荷野菜の流通

その他が約15％という構成である。C社から個人出荷野菜を直接購入する量販店は3社であり、その店舗は東葛飾地域を中心とする千葉県内に展開されている。また、同社で仕入れる一般小売店等は、その多くが市川市付近の小売店である。転送業者の搬出先は、東京都中央卸売市場葛西市場及び同大田市場、東京都内地方卸売市場等となっている。同社からの搬出先は、一部については県外市場への転送や県外一般小売店等も含まれているが、その約85％は県内と考えられることから、類型については地域分荷型に分類される。なお、同社における個人出荷野菜の取引方法は約30％が相対となっており、その理由についてはB社と同様である。

(5) D社

　D社の朝市における個人出荷野菜の販売先構成は、一般小売店等が約70％、仲卸業者が約20％、量販店が約10％となっている。このうち、一般小売店等の所在地は80〜90％が市川市内であり、それ以外は他の東葛飾地域が多く、一部については都内の市川市隣接区となっている。また、同社から直接購入する量販店は地元の1社である。同社の朝市における分荷については、その約95％までが県内に仕向けられていると考えられ、このため類型は地域分荷型に区分される。

　続いて、D社の夕市における個人出荷野菜の販売先構成は、量販店が約40％、移動販売業者[22]が約30％、納入業者が約20％、転送業者が約10％等となっている。このうち、移動販売業者は約30人であり、これらはD社の夕市で仕入れたものを、翌日、東京都内の都心部で販売している。同社に多くの移動販売業者が調達にくる理由としては、販売当日に都内の朝市市場で調達していたのでは道路が渋滞する時間帯での移動になることから、前日に都内とのアクセスの良い夕市市場で仕入れ、その日のうちに都心へと移動するという行動をとっていることによる。夕市を利用する量販店や納入業者については、いずれも地元の業者である。また、転送業者は2〜3人であり、これら業者はD社で仕入れた野菜を、都内多摩地域の卸売市場に転送している。

このように、同社の分荷地域は県内が約60％を占めていることから地域分荷型に分類されるが、一方では約40％の都内搬出もあり、準広域的な分荷も併せて行うという特徴がある。

（6）E社

E社における個人出荷野菜の販売構成は、量販店が34％、加工業者が約34％、仲卸業者が約19％、一般小売店等が約13％となっている。同社が直接販売する量販店のなかで比較的取扱額の大きい業者は3社であり、これらはいずれも市川市内に店舗を所有している。また、同社で仕入れる一般小売店等の所在地は市川市内が50％以上を占めており、それ以外では船橋市や松戸市等の東葛飾地域となっているが、一部については都内も含まれている。このため、同社から分荷地域は約90％が県内となっていることから、その類型は地域分荷型となる。

（7）F社

最後にF社についてみると、同社の朝市における個人出荷品の販売先構成は、仲卸業者が約80％、一般小売店等が約20％となっている。個人出荷された葉菜類は地域の量販店からの要求が高く、このような量販店に納品している仲卸業者は優先的に調達しているという。また、一般小売店等の所在地は船橋市内が50～60％であり、それ以外の40～50％については隣接する市川市、八千代市、鎌ヶ谷市、習志野市等となっている。同社の朝市における分荷地域は、仲卸業者を通じた分荷を考慮に入れても約95％が県内に仕向けられていると考えられることから、同社の朝市における個人出荷野菜の類型は地域分荷型ということができる。なお、同社の朝市においては、B社やC社と同様の理由から個人出荷野菜についても約60％が相対によって取引されており、個人出荷野菜といえどもセリの形骸化の進行が顕著である。

F社の夕市における個人出荷野菜の販売先構成は、仲卸業者が約70％、一般小売店等が約20％、転送業者が約10％である。同市場の夕市で野菜を購入

第3章　東葛飾地域内市場における個人出荷野菜の流通

する仲卸業者は購入量の大部分を他市場に転送していることから、これら仲卸業者は転送業者を兼ねた経営形態[23]ということができる。また、同市場においては一般小売店等が他市場に転送するケースも多い。これらの仲卸業者や転送業者による転送先は福島県内が中心となっているが、一部については東京都内にも搬出されている。このように、同社の夕市における個人出荷野菜はその約60％が東北地方に搬出されていることから、その類型区分は広域分荷型である。

(8) 本節の小括

　以上、調査対象卸売業者における個人出荷野菜の分荷について検討してきたが、ここにおいて小括すると以下のとおりとなる。
　まず、朝市を行う卸売業者については、取り扱う個人出荷野菜の92.6％までが県内に分荷されている。そして、その分荷類型はいずれも地域分荷型に分類されていることから、東葛飾地域の朝市市場においては、市場から比較的近い地域で生産された野菜を同じ地域内に供給するという地域完結的な流通が形成されている。
　また、朝市市場における販売先の業態構成は仲卸業者や一般小売店等の割合が高くなっており、地域住民に対して野菜を供給する消費地市場としての性格が強くなっている。朝市において地元への分荷割合が高くなる理由としては、前日に収穫された野菜を早朝に取引することによって、小売店は店舗の開店時間に合わせた調達を行うことが可能になる点があげられる。なお、同地域で生産される鮮度の高い個人出荷野菜は量販店等の販売先からの要望が高く、卸売業者はこれら個人出荷野菜を県外産の共選品等とセットで販売するというマーケティング戦略をとることによって、市場全体としての販売促進を図ることが可能となっている。このため、卸売業者にとって個人出荷野菜は、重要な戦略商品として位置付けられている。
　一方、夕市については、調査対象卸売業者が扱う個人出荷野菜のうち関東地方への分荷は48％、県内は33％、東北地方は19％となっている。その類型

85

区分としては、広域分荷型が2社、準広域分荷型が1社、地域分荷型が1社である。これらのうち、広域分荷型については2社共に転送業者や仲卸業者によって、東北地方の市場等に転送されるという特徴がある。また、準広域分荷型についても京浜地方という違いはあるものの、広域分荷型と同じく転送業者によって他市場等へ搬出されている。これらのことから、広域分荷型及び準広域分荷型市場の夕市は、東葛飾地域で生産された野菜を集荷し、県外の消費地に転送するという産地市場的な性格が強くなっているということができる。

　このように、夕市が産地市場的な性格となる理由としては、収穫された野菜をその日の夕刻に市場で取引することによって、転送先市場における翌日早朝の取引に上場することが可能となる点をあげることができる。また、東北地方に転送される理由としては、東葛飾地域の市場が気候の関係から冬期間に露地野菜の栽培ができない東北地方に対する葉菜類の供給を担っているという点をあげることができる。ただし、市場ごとに転送先の地方が異なる理由については、長年にわたってこのような流通が維持されてきたということ以外は不明であり、今後の研究課題としたい。

　一方、夕市における地域分荷型の市場については、朝市市場における同類型の市場との共通性が高い。しかし、都内の移動販売業者が夕市で野菜の調達を行っていたり、転送業者による他地域への転送も行われているというように、朝市市場にはない特徴もある。

　最後に、表出はしなかったが個人出荷野菜の取引方法についてみておきたい。基本的に、個人出荷野菜は取引時間にかかわらず従来からの方法であるセリによって取引されているが、一部の朝市市場においては相対も行われている。具体的には、F社の朝市における個人出荷野菜の約60％、C社については約30％、B社についても約25％が出荷団体等からの出荷品とともに相対取引によって先取りされており、個人出荷野菜といえども市場の取引方法が変容しつつあることがうかがえる。

第3章　東葛飾地域内市場における個人出荷野菜の流通

第5節　小括

　本章においては、千葉県東葛飾地域の青果物卸売市場における個人出荷野菜の集・分荷の実態について検討してきたが、ここで、本章を通じて明らかとなった事柄について確認し、まとめとしたい。

　まず、朝市における個人出荷野菜の集荷については、卸売市場は同地域内の生産者における出荷先市場として活用されている。また、一部の市場については、巡回集荷の効果もあって他県からの集荷割合が高くなる傾向も認められ、集荷圏の外延化が進みつつある。分荷については、いずれの市場についても同地域への分荷が中心となる地域分荷型の流通が形成されており、消費地市場としての性格が強くなっている。ここで、朝市における個人出荷野菜の集・分荷についてまとめると図3-2のようになる。

　続いて、夕市における個人出荷野菜の集荷についても同地域内からの集荷割合が高く、地域の生産者から出荷先市場として利用されている。また、分荷については転送業者等の介在もあって、遠隔地を含む他地域の市場に対して転送するという産地市場的な性格を持つものが多い。その一方で、地域内への分荷を中心とする消費地市場的な市場も存在している。ここで、夕市における個人出荷野菜の集・分荷についてまとめると図3-3のようになる。

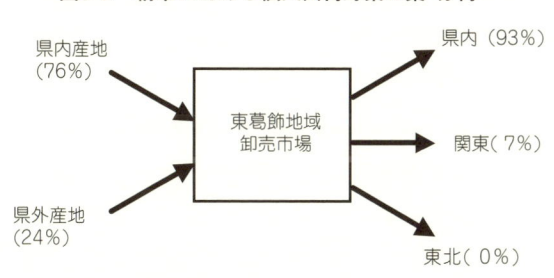

図3-2　朝市における個人出荷野菜の集・分荷

県内産地（76%）　→　東葛飾地域卸売市場　→　県内（93%）
県外産地（24%）　→　　　　　　　　　　　　→　関東（7%）
　　　　　　　　　　　　　　　　　　　　　→　東北（0%）

資料：ヒアリング（2005、2006年）による。

図3-3　夕市における個人出荷野菜の集・分荷

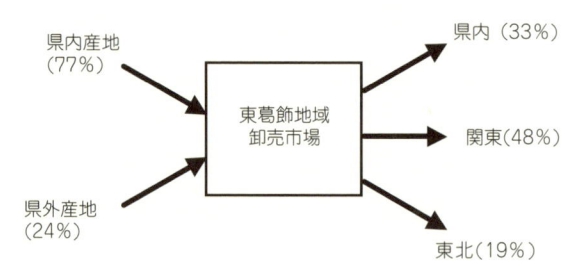

県内産地（77%）　→　東葛飾地域卸売市場　→　県内（33%）
県外産地（24%）　→　　　　　　　　　　→　関東（48%）
　　　　　　　　　　　　　　　　　　　　→　東北（19%）

資料：ヒアリング(2005, 2006年)による。

　以上が本章において得られた知見であり、大都市近郊園芸生産地域にある青果物卸売市場における個人出荷野菜の集・分荷について、なかでも取引時間帯による市場の性格の相違について明らかにすることができた。本章で明らかになった個人出荷者による野菜の流通は、出荷団体等を出荷者とする大量・広域的な流通と役割を相互に分担・補完し合う関係であり、卸売市場が青果物流通において果たす多様な機能として評価されるべきものであろう。

　また、既存研究との関係では特定の市場だけではなく、東葛飾地域という特定の地域における市場群を対象として個人出荷野菜の流通実態を解明したことによって、より面的な広がりのある野菜流通の態様を明らかにすることができた。また、同地域の個人出荷野菜は地域完結的な流通に留まらず、東京都内や埼玉県東南部、さらには東北諸県といった他地域との結びつきも決して小さくないことが明らかとなった。

　最後に、本文中では言及することができなかったが、東葛飾地域における野菜生産は生産者の高齢化や都市化に伴う農地の転用等によって縮小する傾向にあり、野菜の地域流通の将来については多くの課題が残されているのが現状である。このため、同地域の卸売市場における今後の展開方向としては、巡回集荷の実施など卸売業者による出荷者の維持・開拓やその前提となる生産者の組織化といった生産・集荷対策がより重要になるとともに、安定した販売を実現していくため、卸売業者主導による地元量販店等への販路開拓が

第3章　東葛飾地域内市場における個人出荷野菜の流通

課題となっていくのではないだろうか。

　また、同地域に限らず全国にある都市近郊園芸生産地域はいずれも都市化の進展にさらされているのが現状であり、このような地域の農業生産や中小規模の卸売市場はその存立自体が危ぶまれているとさえいえる。しかし、鮮度が高く安全・安心のイメージのある地場産野菜に対する消費者の根強い要求を背景として、野菜流通の担い手として地元の卸売市場が果たす役割は決して小さくはないと考えられる。このため、中小規模の卸売市場においては、上記の課題への対応等を通じた地場流通機能の充実が、今後、存立を図っていくための一つの条件となるのではないだろうか。

注
1) 藤田［6］のp.71、及び木村［2］のp.71による。
2) 本章の分析は個人出荷野菜のみを対象としているが、2003年時点における千葉県内の青果物卸売市場に関する青果物全体の集・分荷についての分析としては、木村［3］を参照されたい。同研究によれば、本章で対象とした5市場6社の性格はいずれも消費地市場であり、それ以外の規模の小さな5市場については、地域流通市場が3市場、産地市場が2市場であった。
3) 木村［2］において、埼玉県東南部にある地方卸売市場の夕市を対象に、その産地市場的な性格について検討している。
4) 任意出荷組合や農業協同組合による出荷のなかには実質的に個人出荷とみなされるものが含まれているが、資料等との整合性を図るため本章においては個人出荷品のみを検討の対象としている。
5) 10市場11社のうち、2010年までに3社の卸売業者が廃業したことから、2010年2月現在では8市場8社となっている。
6) 千葉県は10地域に区分されており、合計36の青果物卸売市場が配置されていることから、1地域当たりの平均市場数は3.6市場である。
7) 千葉県資料により推計。
8) 同一市場に2つの取引時間が存在している理由としては、過去の市場合併においては原則として合併前の各市場の取引時間を継承したことによる。なお、この点については、B・D・F社についても同様である。
9) 2003年におけるC社の夕市取扱額は約1,700万円、出荷者数は6人、売買参加者は転送業者4人、仲卸業者2社であった。なお、同社の夕市廃止後、それまで夕市に出荷していた出荷者は朝市へと出荷時間を変更している。

10) D社は経営不振により2007年10月で廃業しているが、2010年1月の段階で同社の個人出荷者はE社が継承している。現在、E社は朝市においてセリを行っておらず、個人出荷野菜についても相対によって取引されている。また、夕市においてはセリによって取引しており、後述するような移動販売業者への販売割合が高いという特徴も維持されている。
11) このように市場ごとに取引時間帯が異なるため、転送業者は一日のうちに複数市場を巡回しながら野菜を調達することが可能となっている。
12) 『平成15年千葉県生産農業所得統計』による。
13) 2010年2月にA社に対して行ったヒアリングによれば、この5年間にA社の朝市と夕市を合わせた個人出荷者数は半減したとのことであった。
14) 2010年2月にC社に対して行ったヒアリングによれば、この5年間にC社の個人出荷者数は半減とまではいかないものの、相当数がリタイヤしたのとのことであった。
15) D社の夕市においては、出荷者の業態構成に占める他市場の割合は18%である。
16) F社の夕市は、船橋市の特産品であるにんじんを転送業者等が取り扱い易いように、同品目の収穫時期に合わせて開市されている。
17) 市場の分荷についての類型区分は藤田［6］においても行われているが、同研究の同類型区分は個人出荷野菜に限定したものではないことから、本章においては木村［2］で用いた区分を使用している。
18) 卸売業者が一般小売店として認識している販売先には、個人経営の量販店や納入業者、加工業者等が含まれていることから、本章においては煩雑ではあるが「一般小売店等」と表記する。
19) 本章でいう転送業者にはいわゆる「出仲（＝出荷仲卸業者）」と「投師」が該当しているが、実際の流通現場ではこれら用語は混用して使用されていることから、本章においては転送業者で統一している。
20) 納入業者とは、市場等において食料品を購入し、外食業者等に納入する業者をいう。
21) C社の朝市で調達している転送業者は、2003年に同社の夕市が廃止された時に、夕市から朝市へと引き継がれたものである。
22) 移動販売業者とは固有の店舗を所有せず、食料品をトラックの荷台等に積むことによって、路上等において販売する業者をいう。なお、第4章で検討しているように、D社のある市川市とは江戸川を挟んだ西側にあたる江戸川区内の卸売市場においても、多数の移動販売業者が個人出荷野菜を調達にきている。このことから、これら市場の所在地域は、移動販売業者の仕入先地域となっているという特徴がある。
23) F社の夕市で野菜を購入し、他市場へ転送している仲卸業者の多くは、1969年の市場開設以前は転送業者であったものが、開設を機に仲卸業者として入場

第 3 章　東葛飾地域内市場における個人出荷野菜の流通

したものとなっている。

引用文献
［1］小野雅之「大都市中央卸売市場における野菜地場流通の実態と特質—大阪市中央卸売市場東部市場の事例分析—」『農産物市場研究』第30号、1990年3月、pp.46〜56。
［2］木村彰利「大都市近郊園芸生産地域に存在する地方卸売市場における個人出荷青果物の流通構造に関する研究」『農業市場研究』第14巻第2号、2005年12月、pp.64〜72。
［3］木村彰利「千葉県内青果物卸売市場における集・分荷の実態と市場の性格に関する一考察」『農政経済研究』第27集、2008年12月、pp.24〜36。
［4］坂爪浩史「大規模小売業による産地市場の直接捕捉」『現代の青果物流通—大規模小売企業による流通再編の構造と論理—』筑波書房、1999年、pp.129〜158。
［5］藤島廣二・辻和良「和歌山市中央卸売市場における集荷業務の分担」『農産物市場研究』、第25号、1987年9月、pp.47〜56。
［6］藤田武弘「流通環境再編下における青果物地方卸売市場の実態と課題—南大阪地域を事例として—」『農業市場研究』第5巻第1号、1996年9月、pp.64〜74。
［7］藤田武弘「大都市・大阪における青果物流通の展開と課題—地場流通の存立条件に着目して—」『農業市場研究』第5巻第2号、1997年3月、pp.13〜22。

第4章

東京都内市場における個人出荷等野菜の流通

第1節　本章の課題

　わが国の野菜流通においては、産地出荷段階において農協を中心とする出荷団体の果たす役割が大きく、そのため出荷量全体に占める出荷団体の経由率が高いという特徴がある。しかし、その一方で出荷団体以外にも生産者の個人出荷等をはじめとする多様な流通形態が存在しており、各形態ごとに出荷団体を経由する流通とは性格の異なった機能を果たしていると考えられる。

　このような状況において、東京都に比較的近い千葉県や埼玉県等においては大都市近郊の園芸産地として広範な野菜生産が行われており、同時に、これら地域では系統共販率が比較的低く、生産者自身による卸売市場等への個人出荷や出荷組合による出荷の割合が高いという傾向がある。このため、全国の大規模産地との結びつきが比較的強いと考えられる東京都内の中央卸売市場においても、これら都市近郊産地からの個人出荷等による集荷量は決して少なくないと考えられる。実際に、本書で分析の対象とした千葉県東葛飾地域からは相当量が都内市場に向けて出荷されており[1]、同地域とこれら都内市場と間には強い結合関係の存在が予想されるところである。

　一方、後に検討するように、卸売市場においても個人出荷品は出荷団体等によるものとは区別して取り扱われており、その分荷先の業態についても仲卸業者ではなく一般小売店等の割合が高くなるといった特徴があるように、卸売市場の集・分荷機能において、個人出荷等による野菜は出荷団体等によるものとは異なった流通上の特性を持っていると考えられる。

したがって、本章においては東京都内の中央卸売市場に入場する卸売業者6社を対象として、2004年9月から11月にかけて実施したヒアリングと2008年7月に行った補足調査の結果に基づいて、大都市中央卸売市場の野菜流通における個人出荷等野菜の位置付け、及び流通上の役割・特性等について明らかにすることに加えて、都内卸売市場と野菜産地としての東葛飾地域との関係について明らかにすることを課題としている。

　なお、本章で扱う野菜は狭義の個人出荷品だけでなく、農協や出荷組合名義で出荷されていたとしても出荷者単位で精算が行われているような、実質的には個人出荷というべきものを含めて検討していることから、表記についても煩雑な感は否めないが「個人出荷等」としている。したがって、本章の検討対象を前掲表1-11の分類に当てはめるならば、狭義の個人出荷であるパターン6に加えて、出荷の名義が農協となるパターン4や出荷組合となるパターン5が含まれている。

第2節　調査対象卸売業者の概要

　東京都内には、2010年現在で9つの青果物を取り扱う中央卸売市場が配置されており、支社を含めて合計12社の卸売業者が営業活動を行っている。調査対象は、これらのなかから規模や地域が偏らないように選択した6社となっており、その概要については**表4-1**[2]のとおりである。また、その所在地については**図4-1**のとおりである。

　同表にあるように、足立区のA社の野菜取扱額は304億6,000万円、うち個人出荷品は約10億円である。続いて、豊島区にあるB社については191億5,100万円の野菜取扱額のうち、生産者個人が出荷したものは約7億円となっている。新宿区のC社については個人出荷品の金額、割合ともに不明であるものの、野菜取扱額に占める個人出荷等の割合は10％を下回る水準である。D社は中央区に所在し、2003年の野菜取扱額は605億600万円、このうち生産者個人によるものは約36億円を占めている。E社は江戸川区というように地理的に最

第4章　東京都内市場における個人出荷等野菜の流通

表4-1　調査対象卸売業者一覧

単位：百万円

	所在地	青果物取扱額	野菜	個人等	割合	備考
A社	足立区	47,716	30,460	約1,000	約3%	
B社	豊島区	24,235	19,151	約700	約4%	
C社	新宿区	43,608	28,912	…	…	個人は野菜の10%以下。
D社	中央区	82,641	60,506	約3,600	約6%	
E社	江戸川区	20,302	14,067	約1,300	約9%	個人7%、出荷組合3%。
F社	大田区	152,203	89,989	約3,500	約4%	

資料：『東京都中央卸売市場年報』及びヒアリング（2004年、2008年）による。
注：1）数字は、A～D社とF社は2003年、E社は2007年の実績。
　　2）個人等には出荷組合（実質的には個人）を含む。
　　3）割合は野菜取扱額を100とする。
　　4）…は事実不詳を意味する。

図4-1　調査対象市場の所在地

注：○は調査対象以外の青果物を扱う中央卸売市場である。

も東葛飾地域に近く、区の東を南流する江戸川を挟んで対岸の浦安市や市川市と相対する位置関係にある。同社の野菜取扱額は140億6,700万円であり、このうち個人出荷等によるものは約13億円、割合では約9％を占めるなど他社と比較して高い割合となっている。最後のF社は大田区にあり、899億8,900万円の野菜取扱額のうち個人出荷品は約35億円となっている。

なお、これら調査対象の野菜取扱額に占める個人出荷等の割合の経年動向は、F社を除く5社については減少する傾向にあるものの、F社については後述するように横這い状態が続いている。

以上が調査対象となった卸売業者の概要であるが、これらには業者間の規模格差があるものの全国的にみて比較的規模が大きく、このため広く全国の出荷団体等から青果物を集荷するとともに、他市場への転送も含めて広域的な分荷構造をもつ市場であるということができる。また、個人出荷等野菜については野菜取扱額に占める割合こそ高くはないものの、いずれも相当額の取り扱いとなっている。このことから、調査対象の集荷における個人出荷等の位置付けは決して小さなものではなく、各市場の集・分荷機能のなかで個人出荷等野菜は一定の役割を果たしていることが予想される。

第3節　個人出荷等野菜の集荷実態

(1) 個人出荷等野菜の出荷者数

本節においては、調査対象卸売業者における個人出荷等野菜の集荷実態について検討を行う。調査対象における個人出荷等野菜の出荷者数及び集荷地域、主要品目について取りまとめたものが**表4-2**である。

個人出荷等野菜の出荷者数からみると、A社の約300名からF社の約1,000名というように、各業者の規模の相違もあって大きな格差が生じている。なお、これら出荷者数は原則として登録数であることから、常時出荷者数との間には相当の乖離が生じている[3]と思われることから、この場においては各業者の出荷者数自体を比較するのではなく、その経年動向についてのみ確

第4章　東京都内市場における個人出荷等野菜の流通

表 4-2　個人出荷等野菜の集荷地域と主要品目

単位：人

	出荷者数	集荷地域	主要品目	備考
A社	約300	東京都	ほうれんそう、ブロッコリー、カリフラワー、ねぎ等	足立区、葛飾区等。
		埼玉県	ほうれんそう、こまつな、えだまめ等	県東南部。
B社	919	埼玉県	ほうれんそう、こまつな、にんじん等	県中南部。
		東京都	キャベツ等	足立区、練馬区等。
		茨城県	はくさい等	県中南部。
		神奈川県	だいこん、キャベツ等	三浦市等。
		千葉県	…	館山市、安房地域、夷隅地域等。
		群馬県	…	群馬郡、利根郡等。
C社	約500	千葉県	キャベツ、だいこん、にんじん、トマト、きゅうり等	
		茨城県	はくさい、レタス、かんしょ、れんこん、ピーマン等	
		埼玉県	ほうれんそう、なす、きゅうり等	
		栃木県	…	
		神奈川県	だいこん、キャベツ、かぼちゃ等	
		東北6県	－	
D社	…	千葉県	こまつな、ほうれんそう、かぶ、だいこん等	東葛飾地域が主要産地。
		東京都	こまつな、ほうれんそう等	江戸川区が主要産地。
		茨城県	はくさい等	
		神奈川県	だいこん、キャベツ等	三浦市等。
E社	約630	東京都	こまつな、ほうれんそう等	江戸川区（約30％）。
		千葉県	こまつな、ほうれんそう、かぶ、だいこん等	東葛飾地域（約30％）、香取地域（約10％）。
		茨城県	かんしょ等	波崎、鹿島等（約10％）。
		埼玉県	…	三郷市等（約10％）。
		その他	…	約10％。
F社	約1,000	千葉県	ほうれんそう、トマト、きゅうり、なす、さといも等	東葛飾地域が主要産地。
		茨城県	はくさい、レタス、こまつな、さといも、だいこん等	
		埼玉県	こまつな、山東菜等	
		神奈川県	だいこん、キャベツ等	
		東京都	キャベツ	練馬区、杉並区等。

資料：ヒアリング（2004年、2008年）による。
注：1）数字は、A～D社とF社は2003年、E社は2007年の実績。
　　2）個人等には出荷組合（実質的には個人）を含む。
　　3）…は事実不詳を意味する。

認することとしたい。

　6社の調査対象のうちD社とF社を除く4社については、この10年間でみた場合に野菜出荷者の新規参入はほとんどなく、このため出荷者数は一貫して減少する傾向にある。D社とF社についても出荷者の脱落はあるものの、その一方で、農協の広域合併を嫌って従来の出荷方法である共販等から個人出荷へと出荷方法を転換させた、技術水準が高く、なおかつ生産規模の比較的大きな出荷者の新規参入がみられていることから、D社の個人出荷者については漸減傾向、F社についても横這い傾向で推移しているという。このことから、いわゆる有力農家が共販等から個人出荷へと出荷方法を変更する場合、都内の中央卸売市場のなかでもより規模の大きい拠点的な市場を選択する傾向にあることがうかがえる。言い換えれば、このような技術水準の高い生産者による高品質な野菜は、高い販売力や評価機能を有する市場でない限り、それに見合う価格での販売を実現することが難しいことを裏付けている。

　ここで、卸売業者の個人出荷等野菜の集荷に対する考え方についてまとめると、以下のとおりとなる。まず、国内の野菜生産者は経年的に減少する傾向にあることから、卸売業者が新たな出荷団体等と取引を開始するのは容易ではなく、その一方で市場外流通や農産物直売所での販売等が増大していることもあって、卸売業者としては集荷量を維持するために、出荷者1人当たりの出荷量は相対的に少なかったとしても、より多くの個人出荷者を確保することが重要な経営上の課題となりつつある。このため、卸売業者は農協等の共販体制から脱落した個人出荷者を確保することに加えて、生産物にこだわりを持って高品質品や有機農産物等の差別化商品、その他特異性の高い野菜[4]を生産する出荷者の要求を実現できるような販売体制を構築していくことを重要視している。同時に、個人出荷品は農協等の出荷団体から集荷する場合と異なって出荷者に出荷奨励金を分戻しする必要がないことから、卸売業者の経営という観点からも有利な取引となっている。

第４章　東京都内市場における個人出荷等野菜の流通

（２）個人出荷等野菜の集荷地域と主要品目

　個人出荷等野菜の集荷地域については、後述するように生産者が直接市場に搬入する傾向があるということも関わって、いずれの市場においても東京都、千葉県、埼玉県、神奈川県及び茨城県といった、いわゆる東京の近郊園芸産地と位置付けられる周辺諸県が中心となっている。このうち、D社、E社及びF社については千葉県との結びつきが強く、なかでもE社については約40％を占める千葉県産のうち、東葛飾地域だけで約30％を占めている。一方、23区内でも北部に位置するA社とB社については埼玉県の生産者との結びつきが比較的強くなっているように、出荷者は都内市場に出荷する場合でも距離的に近い市場を選択する傾向にあることが確認できる。そして、これら出荷者の所在地周辺にも多数の卸売市場が存在していると考えられるのであるが、個人出荷者がこれら市場でなくより遠距離となる東京都内の中央卸売市場を出荷先として選択している理由については、おそらく都内市場の価格形成力を評価してのことによると考えられる[5]。

　生産地と品目との関係については、東京都、千葉県及び埼玉県についてはこまつな及びほうれんそう等葉菜類の割合が高く、それ以外の県では茨城県のはくさい、神奈川県のだいこん及びキャベツというように、それぞれの県の代表的な生産品目の割合が高くなっている。

（３）個人出荷等野菜の搬入方法

　続いて、個人出荷等野菜の市場への搬入方法及び搬入時間についてまとめると、表4-3のとおりとなる。

　搬入方法から確認すると、A社、B社及びF社については、調査時においても出荷者個人が所有するトラック等による搬入が中心的な方法となっている。C社については運送業者への委託が多くなっているが、その理由としては、高齢化した出荷者にとっては自分自身による輸送が難しくなりつつある点があげられている。同様に、D社についても複数の生産者が共同で運送業者に

表4-3 個人出荷等野菜の市場への搬入方法と搬入時間帯

	市場への搬入方法	搬入時間	備考
A社	生産者による搬入が多い	前日 17:00～21:00（約40%） 当日 4:00～5:30（約60%）	
B社	生産者による搬入が多い	前日 18:00～20:00	運送業者委託もあり。
C社	複数の生産者による運送業者委託が多い	前日 22:00～0:00	生産者自身による搬入は1日数名程度。
D社	複数の生産者による運送業者委託が多い	前日 17:00～18:00 当日 4:00～5:00が中心的	当日入荷品は朝穫り。
E社	千葉県と埼玉県は生産者による搬入 茨城県は業者委託	前日 17:00～21:00が多い	出荷組合は共同輸送あり。
F社	生産者による搬入が多い	前日 16:00～0:00が80%以上 当日 4:00～6:00	当日入荷はこまつな、ほうれんそうが多い。

資料：ヒアリング（2004年、2008年）による。
注：1）数字は、A～D社とF社は2003年、E社は2007年の実績。
　　2）個人等には出荷組合（実質的には個人）を含む。

輸送を委託するというのが中心的な搬入方法となっており、生産者自身による持ち込みは江戸川区内の生産者等、近距離からの搬入に限られている。E社については、市場に比較的近い千葉県や埼玉県の出荷者は個人で搬入しているが、それより遠距離となる茨城県については業者委託の割合が高くなっている。

市場への搬入時間帯については、取引前日の夕刻から深夜にかけて行われる場合と、取引当日の早朝に持ち込まれる場合とに大別されている。これらのうち、A社とD社は当日入荷の割合が高く、B社、C社、E社及びF社については前日入荷の割合が高くなっている。このように、卸売業者によって出荷者の搬入時間帯が異なっていることの理由は明らかではないが、品目との関係では、こまつなやほうれんそうなどの葉菜類については鮮度保持の関係から出荷当日に収穫されたものが持ち込まれたり、前日に収穫したうえで生産者の冷蔵庫に一晩保管されたものが、取引当日の早朝に持ち込まれる場合が多い。また、個人出荷等野菜の卸売業者への出荷方法については、ほぼ全量が委託によって行われている。

ここで、個人出荷等野菜で使用される出荷ケースについて確認しておくと、

第4章　東京都内市場における個人出荷等野菜の流通

従来は古段ボールに入れられて出荷されるケースも多かったが、2000年に生鮮食品の原産地表示が義務化され、出荷ケースに生産地と品目名を記入しなければならなくなったことを契機として、個人出荷品についても新段ボールでの出荷が主流となっている。なお、この場合の段ボールは、農協等出荷団体や出荷組合のものを流用したり、製函業者から購入した既製品等が使用されている。

以上、調査対象への個人出荷等野菜の集荷実態について検討してきたが、市場の規模や所在地、出荷される品目等との関係によって、個人出荷等野菜の入荷についても市場ごとに相違があり、特徴が存在している。

第4節　個人出荷等野菜の分荷実態

(1) 個人出荷等野菜の取引方法

これ以降においては、調査対象卸売業者における個人出荷等野菜の分荷実態について検討を行うこととする。最初に、調査対象における個人出荷等野菜の取引方法について、表4-4に基づきながら確認したい。なお、各調査対象のセリ取引率は、D社の90％からA社及びB社の10％というように業者間の格差が大きく、業者ごとの特異性が強いことから、以下においては個別に検討していきたい。

A社では、市場における相場を形成するために取引委員会[6]の取り決めにしたがって、葉菜類については出荷者1人当たり3ケース、それ以外の品目についても出荷者1人当たり出荷量の1～2割を目途として先取りを制限し、取引開始時間まで卸売場に残しておくことによってセリ取引を行っている。このため、同社のセリ取引率は個人出荷等野菜だけでなく、野菜全体でみた場合でも10％程度を占めている。

B社におけるセリ取引の割合は野菜全体の2～3％に過ぎず、セリの形骸化が非常に進行した市場であるということができる。これを個人出荷等野菜に限定した場合、セリ取引率は10％程度にまで上昇しているが、A社と同じ

表 4-4 個人出荷等野菜の取引方法と販売先割合

単位：実数、％

	取引方法割合			販売先の業態構成（上段：業者数、下段：割合）						備　考
	セリ	相対	合計	一般小売店等	量販店	外食業者	納入業者	仲卸業者	合計	
A社	10	90	100	約50	0	0	0	5～10	55～60	荷主ごとに一定量をセリにかけている。
				20	0	0	0	80	100	
B社	10	90	100	292	ー	0	0	ー	ー	競りに上場するのは格外品である。
				60	10	0	0	30	100	
C社	50	50	100	約200	…	…	…	約10	…	小売店・仲卸業者以外はいずれも数社程度。
				25	20	10	5	40	100	
D社	90	10	100	…	0	0	0	…	…	こまつなとほうれんそうは仲卸業者の割合が高い。
				50	0	0	0	50	100	
E社	90	10	100	約100	0	0	0	3	約100	移動販売業者は約60人。
				90	0	0	0	10	100	
F社	30	70	100	約200	0	0	0	約20	約220	ロットの大きな個人出荷品は相対となる。
				70	0	0	0	30	100	

資料：ヒアリング（2004年、2008年）による。
注：1）数字は、A～D社とF社は2003年、E社は2007年の実績。
　　2）個人等には出荷組合（実質的には個人）を含む。
　　3）一般小売店には個人経営の量販店及び移動販売業者が含まれている。

く盛んに行われているとは言い難い状況となっている。B社によれば、開設者の指導[7]もあって個人出荷品に関わらず品目ごとに一定量をセリにかけているが、その対象となる商品はいわゆる規格外品扱いのものであり、セリによって需給実勢が反映された価格を形成することは想定していないとしている。その理由としては、セリに上位等階級の商品を上場し、期待する水準以上の相場を実現できなかった場合、セリ価格に上限を規定されてそれ以下の等階級のものについても取引価格を低く抑えざるを得ず、その結果、産地から要求されるいわゆる「指し値」を実現できない点があげられている。その一方で、共選品等と比較して個人出荷等野菜のセリ取引率が相対的に高く維持されている理由としては、個人出荷等品にはこまつなやほうれんそう等

第4章　東京都内市場における個人出荷等野菜の流通

の葉菜類が多く、これら品目は出荷者ごとの品質格差が大きいことから、相対のような予約的な取引には向かない点があげられている。

　C社については、個人出荷等野菜の50％程度がセリによって取り引きされている。このように比較的高いセリ取引率が維持されている理由としては、市場の取引委員会で定めた規定によって、個人出荷等品で許容される相対取引率の上限が50％に定められていることによる。実際には、市場の品薄時には仲卸業者が必要数量を確保するために、個人出荷等野菜といえども上限を超えた相対取引が行われている。しかし、雨天等によって小売店店頭における売れ行きの低迷が予想されるときには、個人出荷品の相対取引も行われないのでセリへの上場量が増大してしまうことから、平均するとセリと相対とは相半ばする結果となっている。なお、同社における共選品等も含めた野菜全体のセリ取引率は約20％である。

　D社については、個人出荷等野菜の約90％がセリによって取引されており、他の調査対象と比較しても比較的高い割合となっている。また、D社全体のセリ取引率が20％程度とされていることと比較しても、個人出荷等野菜においては盛んにセリが行われている。同社に限らず個人出荷等野菜のセリは、基本的に現物を対象とした移動ゼリによって行われているが、同社の個人出荷等野菜の一部[8]については共選品等同じく見本を対象とした固定ゼリによって取引されている。一方、個人出荷等野菜のうち相対によって取引される割合は約10％であり、このように相対となる理由としては、品質が高く仲卸業者等からの要求の高い江戸川区産のほうれんそう等は、取引時間前に先渡しされていることによる。

　E社については、個人出荷等野菜の約90％がセリによって取引されており、相対となるものは、事前に出荷者と量販店等との間で取引の予約が成立しているものに限られている。なお、同社の野菜全体におけるセリ取引率は約10％であることから、相対的に個人出荷等野菜はセリによって取引される傾向にある。

　最後のF社についてはセリ取引率が約30％となっているように、個人出荷

等野菜についても相対取引が中心的な取引方法となっている。ただし、この割合はあくまで金額ベースでの数字であり、これを出荷者ベースでみると野菜の個人出荷者の7割程度についてはセリによって取引されているという。このような逆転が生じる理由としては、個人出荷等野菜の出荷者ごとの出荷量には大きな規模格差があり、出荷量の多い出荷者の荷は共選品等と同じく相対によって取引されていることによる。相対取引は取引時間前に荷が引渡される場合において行われており、このため市場への入荷量が少ない品薄時には、通常ならばセリにかけられる個人出荷品についても仲卸業者等によって必要数量の確保を目的として盛んに「先取り」が行われることから、相対取引の割合は高くなる傾向がある。

　以上、調査対象について個別に検討してきたが、この結果から明らかなように、一般的にセリ取引率が比較的高いと考えられている個人出荷等野菜においても、現状においては相対取引へと転換されつつあるのが実態である。その一方で、卸売業者によれば、近年では一般小売店等においても相対によって安定的な価格での調達を望む傾向があるとしており、セリに参加することを通じて自分自身で価格を決定することを望む、いわゆる「職人気質」の一般小売店は減少しつつあることがうかがえる。したがって、セリによる取引は、将来的には葉物類など出荷者ごとに選別や品質の差異が大きい品目に限定されていくことも考えられる。

（2）個人出荷等野菜の販売先業態

　引き続き、個人出荷等野菜の販売先の業態割合について、前掲表4-4に基づいて検討を行うと以下のとおりとなる。

　A社の個人出荷等野菜の販売先業態については、その約80％が仲卸業者となっているように、同社においては個人出荷等野菜であっても一般小売店はセリに参加せず、仲卸業者から購入する場合が多くなっている可能性が高い。ただし、同社の青果物仲卸業者数22社[9]のうち、卸売業者から個人出荷等野菜を常時購入しているのは5～10社程度でしかないことから、少数の仲卸

第4章　東京都内市場における個人出荷等野菜の流通

業者が比較的大きな単位で個人出荷等野菜を購入している実態がうかがえる。一方、個人出荷等野菜の一般小売店等[10]の購入割合は約20％、業者数では約50社、店舗数は約70店舗である。

B社における個人出荷等野菜の販売額に占める一般小売店等の割合は約60％であり、業者数では300社弱となっている。一方、仲卸業者への販売割合は約30％、量販店は約10％を占めており、これら業者は個人出荷品についてもセリではなく、事前に卸売業者に申請を行って、相対取引によって購入している。

C社の個人出荷等野菜の販売先構成については、仲卸業者の割合が高く約40％を占めており、それ以外では一般小売店等が約25％、量販店が約20％、外食業者が約10％、納入業者[11]は約5％となっている。同社は量販店への販売については比較的後発であり、調査時でも総販売量のうち最終的に量販店へと供給される割合は約30％に過ぎないとされていることから、仲卸業者に販売された個人出荷等野菜についても、その多くが一般小売店等へと最終分荷されていると考えられる。

D社の個人出荷等野菜の販売先は、一般小売店等と仲卸業者とがほぼ同じ割合を占めている。これを、同社全体の販売先の業態構成に占める一般小売店等の割合が30～40％とされていることと比較すると、個人出荷等野菜が一般小売店等に販売される割合は相対的に高くなっている。販売先業態と購入品目との関係では、品質が高く生産者1人当たりの出荷量が比較的多いほうれんそうとこまつなについては仲卸業者への販売割合が高く、それ以外の品目については総じてロットが小さいことから、一般小売店等への販売割合が高くなっている。

E社については、個人出荷等野菜の約90％を約100人の売買参加者に販売している。このうち、一般小売店等は約60店であるのに対し、移動販売業者[12]は40人を占めているように、同社には多くの移動販売業者が野菜を調達に来ているという特徴がある。このように移動販売業者の割合が高くなった理由は明らかでなく[13]、相当以前からこのような傾向が存在していたと

105

しかいうことはできない。それ以外では、仲卸業者が約10％を占めているが、19社の仲卸業者のうち個人出荷等野菜を取り扱うのは3社に過ぎず、基本的に個人出荷等野菜は一般小売店等や移動販売業者に対して販売されている。

F社における個人出荷等野菜の販売先は、一般小売店等が約70％、仲卸業者が約30％となっている。同社が入場している市場は、一般に量販店への最終分荷割合が高いとされているにもかかわらず、個人出荷等野菜に関しては一般小売店等への分荷割合が高くなる傾向が認められる。

ここまで調査対象ごとに個人出荷等野菜の販売先業態についてみてきたが、個人出荷等野菜は出荷者1人当たりの出荷量が少ないことに加えて、選別についても必ずしも良くないことから、その販売先の業態についても1店舗当たりの購入量が少なく、なおかつ消費者に対して対面販売を行う一般小売店等の割合が総じて高くなっている。しかし、個人出荷品でも出荷者1人当たりの出荷量が多く、なおかつ品質の高い葉菜類等については量販店でも販売できる商材であることから、仲卸業者への販売割合が高くなる傾向にある。また、仲卸業者の購入量は市場の需給動向との関係が深く、品薄時になると仲卸業者は必要数量を確保するために、通常時には購入しない個人出荷品の調達を行う傾向にあることが確認できた。

(3) 個人出荷等野菜を購入する小売店等の所在地

最後に、調査対象から個人出荷等野菜を調達している一般小売店等の所在地について確認すると、**表4-5**のとおりとなる。いずれの市場についても、一般小売店等については購入した野菜等を自己所有のトラックによって市場から店舗まで輸送する傾向にあることから、その多くは市場所在区または近隣区市に所在する店舗となっている。言い換えれば、これら一般小売店等は最寄市場から野菜等を調達する傾向にあるということができる。ただし、F社については最も取扱規模の大きな市場の卸売業者ということもあって、個人出荷等野菜を調達にくる一般小売店等の所在地についても、北関東も含めた広範な地域が含まれている。

第4章　東京都内市場における個人出荷等野菜の流通

表4-5　個人出荷等野菜を購入する一般小売店等の所在地

	一般小売店等の所在地	備　考
A社	足立区、荒川区、台東区、葛飾区等	
B社	豊島区、北区、板橋区、文京区、新宿区等	一部は江戸川区、葛飾区等。
C社	新宿区及び中野区が中心的	最遠は八王子市。
D社	都心付近の小売店が多い	
E社	江戸川区（約50％）、葛飾区（約25％）、墨田区（約15％）、千葉県（約10％）等	千葉県は市川市、船橋市等。
F社	東京都、千葉県、埼玉県、神奈川県等	一部は群馬県、茨城県等。

資料：ヒアリング（2004年、2008年）による。
　注：1）数字は、A～D社とF社は2003年、E社は2007年の実績。
　　　2）個人等には出荷組合（実質的には個人）を含む。
　　　3）一般小売店には個人経営のスーパー及び移動販売業者が含まれている。

　ここで、視点を変えて、一般小売店等からみた個人出荷等野菜の評価について簡単に確認しておきたい。まず、仕入面では、個人出荷品は共選品と比較して選別が悪いことから単価が相対的に安く[14]、一般小売店等としては有利な仕入が可能となる。一方、販売面については、生産者の顔が比較的みえることから対面販売では売りやすい商品特性を持っており、同時に選別の悪さも商品の均一性が求められる量販店と比較して対面販売では決して不利とはならず、この意味からも一般小売店等にとって扱いやすい商材であるということができる。
　以上、調査対象における個人出荷等野菜の分荷実態について検討してきたが、市場ごとに異なる取引慣行や規制、販売先の業態構成等が要因となって、取引方法や分荷地域にも業者ごとに大きな特異性があることが明らかとなった。

第5節　小括

　本章においては、東京都内の中央卸売市場に入場する卸売業者を対象として、個人出荷等野菜の取扱実態について検討してきた。最後に本章の内容について要約すると、概略は以下のとおりとなる。
　調査対象における個人出荷等野菜の集荷については以下のとおりである。

都内の拠点的な中央卸売市場の卸売業者においても相対的に規模の小さな業者については、近年は野菜の個人出荷者の新規参入はほとんどなく、そのため出荷者数は一貫して減少傾向にある。しかし、相対的に規模の大きな卸売業者については個人出荷者の脱落はあるものの、その一方で共販等から個人出荷に転換してきた生産者の新規参入がみられることから、出荷者数の減少は緩やかである。このようななかにおいて、卸売業者は集荷量を維持するために、個人出荷等野菜を確保することが経営上の重要な課題となりつつある。

　個人出荷等野菜の集荷地域については、東京都及びその周辺諸県が中心となっており、これら地域の生産者は地元の地方卸売市場に出荷するのではなく、より遠距離となる都内の中央卸売市場に野菜を持ち込んできている。個人出荷等の対象となる野菜の品目については、葉菜類の割合が比較的高くなっているが、それ以外にも多品目の野菜が集荷されている。

　続いて、調査対象における個人出荷等野菜の分荷については以下のとおりである。個人出荷等野菜のセリ取引率については、10～90％というように市場によって大きく異なっているが、近年では個人出荷等野菜についても取引時間前に荷の引き渡しが可能となるとともに、安定的な価格での販売が実現できる相対取引が一般的な方法となっている。個人出荷等野菜の販売先は、主として一般小売店等が中心的な業態となっているが、出荷者1人当たりの出荷量の多い品目や高品質品については仲卸業者への販売割合が高くなる傾向にある。また、市場における品薄時には、仲卸業者への販売量が多くなるという傾向も認められる。個人出荷等野菜を調達する一般小売店等の所在地については、いずれの市場についても市場所在区または近隣区市となっているが、取扱規模の大きな市場については広域的な分荷が行われている。

　以上が本章の要約であるが、最後に東京都内中央卸売市場と東葛飾地域との関係についてまとめると以下のとおりである。まず、都内市場には東葛飾地域から比較的多くの個人出荷等野菜が出荷[15]されてきており、なかでも江戸川区のように距離的に近い市場や規模の大きな拠点市場においては、同地域から出荷された個人出荷等野菜のシェアが高くなっている。このことか

第4章　東京都内市場における個人出荷等野菜の流通

ら、都内の農業生産が衰退していく状況下においては、都内市場における東葛飾地域の産地としての相対的な重要性は増しつつあるということができる。また、近年は拠点市場においても集荷量の確保が課題となっており、このため個人出荷品についても集荷量の増大が期待されている。そして、第5章で検討するように、東葛飾地域の有力な出荷者はともすれば農協から離脱する傾向があり、離脱者のかなりの部分は都内市場へと出荷先を変更している可能性が高い。このことからも、都内市場における同地域の重要性はより高くなりつつある[16]と考えられる。

注
1) 本書の第2章及び第5章において検討したように、東葛飾地域からは農協や出荷組合、生産者個人によって、都内市場に対して盛んな出荷が行われている。
2) **表4-1**においては、出荷の名義が農協や出荷団体名義であったとしても、実態としては生産者の個人出荷となっているものについては、個人等の取扱額に含めている。したがって、同表の個人等の取扱額と調査対象が開設者等に報告している取扱実績との間には乖離が生じている。
3) 例えば、A社については野菜の個人出荷者の登録数は約300名であるのに対し、常時出荷者でみた場合では約100名にまで減少している。
4) 特異性の高い野菜の一例としては、近年では「亀戸大根」や「芯とり菜」といった、一時は生産が中断された在来品種のリバイバルがあげられる。そして、近年は行政等の後押しもあってこのような品目の生産が奨励されており、市場においても需要は限られるものの高い評価を受けている。
5) 個人出荷者等の出荷先市場の選択要因については、本書の第5章を参照されたい。
6) A社が入場している市場の取引委員会は、卸売業者、仲卸業者、売買参加者団体の代表等からなる30名の委員によって構成されている。毎月1回開催される同委員会においては、市場における取引ルール等が取り決められている。
7) 東京都中央卸売市場においては、主要指定品目（野菜10品目、果実10品目）についてはセリへの上場が義務付けられているが、その場合、メロンなどキロ単価の高い品目を除けば、1品目ごとに入荷総量のなかから10ケース程度が競売確保数量として残されているに過ぎない。
8) D社に入荷する個人出荷等野菜の約5％は、固定ゼリによって取り引きされている。このように固定ゼリによって取引される理由としては、個人出荷等野菜でも出荷者1人当たりの出荷量の多いものについては、共選品等と同等の

扱いを受けていることによる。
9）東京都中央卸売市場資料による。
10）卸売業者が一般小売店として認識している販売先には、個人経営の量販店や納入業者、加工業者等が含まれていることから、本章においては煩雑ではあるが「一般小売店等」と表記する。
11）納入業者とは、市場等において食料品を購入し、外食業者等に納入する業者をいう。
12）移動販売業者とは固有の店舗を所有せず、食料品をトラックの荷台等に積むことによって、路上等において販売する業者をいう。なお、第3章で検討しているように、E社のある江戸川区とは江戸川を挟んだ東側にあたる市川市内の卸売市場においても、多数の移動販売業者が個人出荷野菜を調達にきている。このことから、これら市場の所在地域は移動販売業者の仕入先地域となっているという特徴がある。
13）第3章で検討したC社については、同社に夕市があることから移動販売業者は販売の前日にC社で仕入れ、その日のうちに都心へと移動することによって都内の都内の交通渋滞を避けるという理由が存在したが、朝市場である本章のE社については同様の理由を当てはめることができない。
14）D社によれば、個人出荷等野菜のキロ単価は、共選品と比較して6割程度の平均単価によって取り引きされているとのことである。
15）本章においては主として野菜について検討しているが、東葛飾地域からは、果実についても個人出荷等によって都内市場に出荷されている。具体的には、E社の果実においては、市川市等から年間6億円程度のなしが個人出荷等によって集荷されている。
16）2007年9月に、東葛飾地域の東側に位置する千葉市中央卸売市場の青果物卸売業者に対して行ったヒアリングによれば、同市場においても約300人の個人出荷者から年間約8億円（2006年、個人の転送業者等を除く）の野菜が入荷しているが、このうち東葛飾地域からの出荷額は約1億2,000万円に過ぎない。そして、同地域内の45～50人の出荷者のほとんどは、千葉市に近い船橋市内に所在している。このことから、東葛飾地域の生産者が県外に個人出荷する場合、県内他地域よりも都内市場を志向する傾向が強いことがうかがえる。

第5章

東葛飾地域の野菜生産者における出荷先の選択要因

第1節　本章の課題

　青果物流通においては大量・広域的な流通がある一方で、個人出荷に代表される比較的小規模な流通も行われており、これら小規模な流通は大量・広域的な流通とは役割を分担しながら機能している。このため、このような流通の実態について明らかにすることは、卸売市場が持つ多面的な流通機能を評価するうえで重要な意義が存在する。

　また、本章で対象地域としている千葉県東葛飾地域は典型的な大都市近郊園芸生産地域といえることから、同地域における青果物流通の課題は全国の都市近郊園芸生産地域における一般的な傾向として捉えることも可能である。

　しかし、同地域における市場サイドからみた個人出荷等野菜の集・分荷の実態や評価[1]についてはすでに明らかになっているものの、出荷者の側からみた出荷先の選択理由や出荷先に対する評価については明らかではない。そして、この点を明らかにすることは、今後の市場施策や地産地消について検討するうえで重要な知見となることが期待される。このため、本章においては、千葉県東葛飾地域の野菜生産者を対象に、2007年の10月から12月にかけて実施したヒアリングに基づいて、個人出荷者等[2]における出荷の実態について明らかにするとともに、出荷先の選択要因について検討を行うことを課題とする。

第2節　調査対象生産者の概要

本章の調査対象となった生産者の概要についてとりまとめたものが表5-1である。また、その所在地については図5-1のとおりである。なお、調査対象は農協共販以外の出荷対応をとっている生産者という条件のもとで、千葉県東葛飾農林振興センターから紹介を受けたものである。このため、調査対象は同センターと直接的につながりのあるような、同地域内でも相対的に規模が大きく生産・出荷に熱意のある生産者が対象となっている。ここで、各生産者について個別に確認すると、概略は以下のとおりとなる。

生産者Aは野田市船形に所在し、えだまめ、ほうれんそう、春菊を生産し

表5-1　調査対象生産者と青果物生産の概要（2006年）

単位：人、a、千円、％

	所在地	所属農協	経営者の年齢	後継者	農業従事者数 家族	農業従事者数 雇用	品目	作付延べ面積	出荷額（概数）	割合
生産者A	野田市船形	ちば県北	72	有	1	−	えだまめ	30	2,000	44.4
							ほうれんそう	70	1,500	33.3
							春菊	15	1,000	22.2
							合計	115	4,500	100.0
生産者B	柏市布施	東葛ふたば	60代	有	3	−	ねぎ	70	4,000	57.1
							ほうれんそう	60	3,000	42.9
							合計	130	7,000	100.0
生産者C	柏市逆井	東葛ふたば	58	無	2	1	かぶ	130	7,500	41.7
							葉しょうが	35	6,000	33.3
							ねぎ	50	3,500	19.4
							ほうれんそう	15	1,000	5.6
							合計	230	18,000	100.0
生産者D	流山市上貝塚	流山市	63	無	2	−	ねぎ	60	6,400	80.0
							ほうれんそう	20	1,600	20.0
							合計	80	8,000	100.0
生産者E	船橋市金杉	市川市	40代	有	4	−	にんじん	100	8,000	66.7
							キャベツ	100	3,000	25.0
							ほうれんそう	30	500	4.2
							ねぎ	10	500	4.2
							合計	240	12,000	100.0

資料：ヒアリング（2007年）による。
注：2010年現在における、生産者Aの所属農協はちば東葛農協、生産者Dはとうかつ中央農協である。

第5章　東葛飾地域の野菜生産者における出荷先の選択要因

図5-1　調査対象生産者の所在地

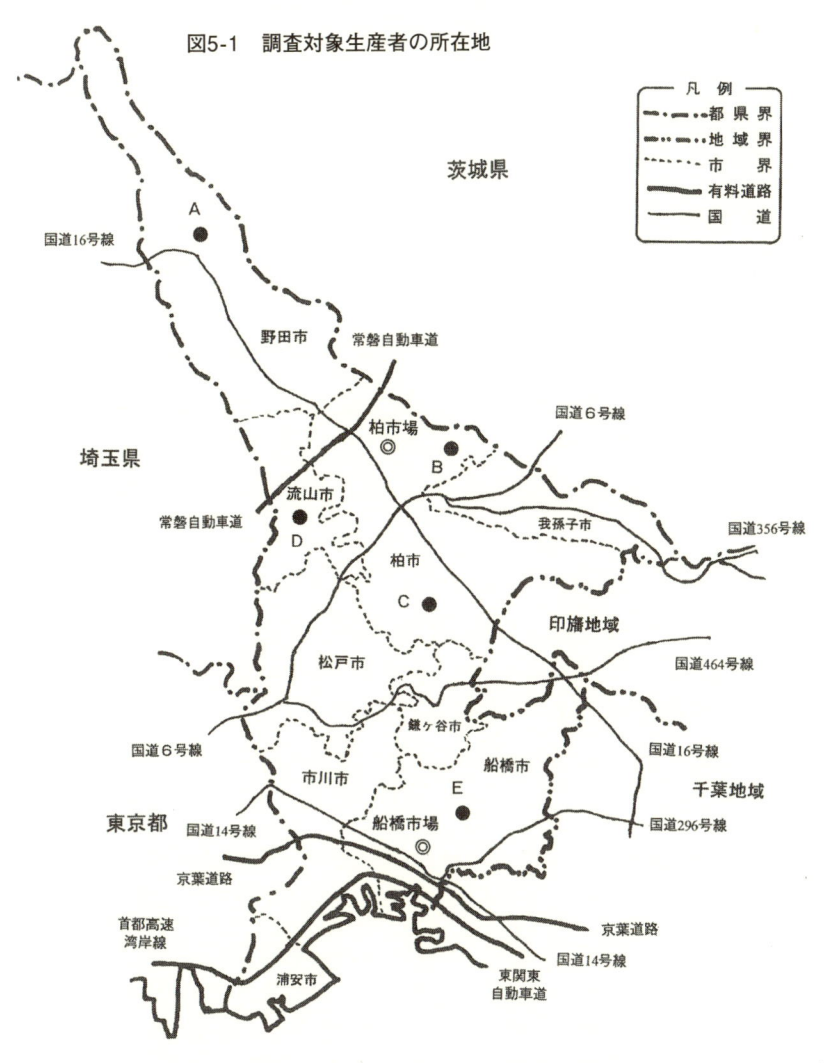

ている。年間の出荷額は約450万円である。同氏は調査時において72歳と高齢であることから、2003年頃から生産規模を縮小[3]しつつあり、それに合わせて後述するように販売方法も変更している。なお、同氏には地元の農協に勤務する50歳代の男子がおり、将来的には農業を継ぐことが予定されている。

生産者Bの所在地は柏市布施であり、ねぎとほうれんそうを生産している。出荷額は約700万円である。同氏の30歳代の長男はすでに就農しているので後継者は確保されてはいるが、当代である同氏及びその配偶者が将来農作業を担えなくなったときには、労力的な問題から現在の経営規模を維持できるかは不透明である。

　生産者Cは柏市逆井にあり、経営の中心品目であるかぶと葉しょうがに加えて、ねぎとほうれんそうを生産している。年間出荷額は1,800万円というように、経営規模は比較的大きい。同氏は集落単位で設置された出荷組合の組合長を長年勤めるなど、地域のリーダー的な存在である。ただし後継者はなく、将来的な営農の継続については課題がある。

　生産者Dは流山市上貝塚に所在し、中心品目であるねぎにほうれんそうを組み合わせた生産を行っており、年間出荷額は約800万円である。現在のところ同氏には後継者がおらず、同氏がリタイヤすれば農業は行われなくなる公算が高い。なお、同氏によれば、現在の野菜価格や農業所得では後継者は確保できないとしており、このため、同氏の居住地周辺の生産者においても不動産収入があるならば農業経営も継続できるが、現状では多くの生産者が農業だけでは生計を維持するのは厳しい状況にあることが指摘されている。

　生産者Eは船橋市金杉にあり、にんじん、キャベツ、ほうれんそう及びねぎという4品目の生産を行っている。同氏の年間出荷額は約1,200万円となっているが、品目的にはにんじんとキャベツの金額割合が高く、ほうれんそうとねぎについては卸売業者の懇意な担当者から出荷を要請されていることが、生産を継続する理由となっている。このため、ほうれんそうとねぎの出荷額は年によって大きく変動している。同氏は調査時において40歳代と比較的若く、このため長男は未だ小学生であることから、将来の就農については未定である。ちなみに、同氏居住地周辺の生産者はアパートや駐車場との兼業形態が多く、このため集落の農家25戸のうち専業は5戸に過ぎず、このうち後継者のいる農家は2戸でしかない。

　以上が調査対象となった生産者の概要であるが、これらはすべて専業農家

第 5 章　東葛飾地域の野菜生産者における出荷先の選択要因

であり、高齢を理由に生産を縮小した生産者A以外は、いずれも地域の中核的な生産者ということができる。

第 3 節　青果物の出荷実態

（1）青果物出荷の概要

調査対象における青果物出荷の概要についてとりまとめたものが**表5-2**である。

生産者Aは、農協の予冷部会[4)]が出荷を行う8月下旬から11月上旬にかけては、同部会を通じて卸売市場に出荷している。これを金額割合でみれば、

表 5-2　青果物出荷の概要（2006 年）

単位：千円

	品目	出荷額	出荷先	荷主の名義	規格	出荷ケース	精算方法	パターン	備考
生産者A	えだまめ	2,000	川口市場	生産者個人	個人	農協	個別精算	6	―
		1,050	北足立市場						―
	ほうれんそう	300	その他市場	農協（予冷部会）	農協		部会共計	2	―
		150	川口市場	生産者個人	個人		個別精算	6	―
	春菊	900	その他市場	農協（予冷部会）	農協		部会共計	2	―
		100	川口市場	生産者個人	個人		個別精算	6	―
生産者B	ねぎ	4,000	板橋市場	生産者個人	市場	個人	個別精算	6	―
	ほうれんそう	3,000	柏市場						
生産者C	かぶ	7,500	柏市場	出荷組合	市場	市場	個別精算	5	
	葉生姜	6,000							
	ねぎ	3,500							
	ほうれんそう	1,000							
生産者D	ねぎ	6,400	越谷市場	生産者個人	個人	個人	個別精算	6	―
	ほうれんそう	1,600							
生産者E	にんじん	8,000	大田市場	農協（出荷組合）	個人	個人	個別精算	4	農協は商流のみ。
	キャベツ	3,000							
	ほうれんそう	500	船橋市場	生産者個人	市場	業者		6	
	ねぎ	500		農協（出荷組合）				4	農協は商流のみ。

資料：ヒアリング（2007 年）による。
　注：パターンの区分方法は前掲表 1-11 による。

ほうれんそうの約2割と春菊の約9割は農協予冷部会を通じた出荷となっている。しかし、それ以外のえだまめの全てとほうれんそうの約8割、春菊の約1割については個人で卸売市場に出荷している。個人出荷の対象市場は、えだまめは地方卸売市場川口中央青果市場の夕市[5]であり、ほうれんそうと春菊については東京都中央卸売市場北足立市場と川口市場の夕市となっている。選別については、農協の予冷部会については農協の規格に合わせた調製を行っているが、それ以外は個人の規格によっている。また、同氏が使用している出荷ケースはいずれの場合も農協のものとなっているが、出荷方法に関わらずケースの種類が問われることはなく、どのようなものでも出荷は可能である。精算については、予冷部会によるものは部会共計が行われているが、それ以外は個別精算となっている。なお、同氏が2004年に生産を縮小するまでは、20年以上にわたって予冷部会とは別の農協の出荷組合を通じて、都内の卸売市場に出荷していた。

　生産者Bは、ねぎを東京都中央卸売市場板橋市場に、ほうれんそうについては柏市公設総合地方卸売市場の朝市に対して、いずれも個人で出荷している。このうち、ねぎに関しては20年以上前から地域の生産者で組織した出荷組合[6]の名義によって出荷を行っていたが、他の出荷者が農業から脱退していくなかにおいて同氏のみが残ったことから、結果的に数年前から個人出荷になったという経緯がある。同氏は、選別については市場の規格に合わせているが、出荷ケースは経費を削減[7]するため個人でオリジナルのものを作成している。

　生産者Cは、全品目を出荷組合を通じて柏市場の朝市に出荷している。同氏が所属する出荷組合は同一集落の出荷者を組合員としており、少なくとも60年前には設立されている。設立当初の状況については今となっては不明であるが、現在ではその運営に市場の卸売業者も関与するなど、特定の市場への出荷を前提とした組合というべきものとなっている。なお、出荷組合の構成員は最盛期には60人以上存在していたが、現在では生産者のリタイヤ等によって8名にまで減少しているように、今後は組織としての存続自体に課題

第5章　東葛飾地域の野菜生産者における出荷先の選択要因

がある。出荷品の選別については、市場の規格を用いている。また、出荷ケースは外部の業者から既製品を購入しており、その単価は55～110円/ケースというように品目によって異なっている。代金の精算は出荷者ごとの個別精算となっているが、その理由としては、市場の規格に合わせて選別していても、実際には出荷者ごとの差異が大きい点があげられている。

　生産者Dは、少なくとも1989年以降については、ねぎ、ほうれんそうともに個人で越谷総合食品地方卸売市場の夕市に出荷している。同氏の場合、選別は個人の規格となっているが、卸売業者に要求される規格に合わせていることから、実際には市場の規格というべきものとなっている。出荷ケースについては、市場での評価を高めるため個人のオリジナルのものを使用している。このため、出荷ケースの単価はねぎで70円/ケース、ほうれんそうでは100円/ケースというように農協が販売しているものより割高となっているが、水に濡れても型崩れし難いものが用いられている。

　生産者Eは、中心品目であり出荷量の多いにんじんとキャベツは東京都中央卸売市場大田市場に出荷し、数量の少ないほうれんそうとねぎについて船橋市中央卸売市場の朝市に出荷している。このうち、にんじんとキャベツについては卸売業者の要求を踏まえた個人の選別基準によって選別し、「E農園」と印刷された独自の出荷ケースを用いて出荷している。このように、同氏の出荷は実質的には個人出荷であり、このため代金の精算も個別に行われているが、商流上は農協経由となっている。農場名をケースに印刷する理由としては、E農場という名称を市場関係者にブランドとして認知させることにある。一方、ほうれんそうとねぎについては船橋市場の朝市に出荷しており、ほうれんそうは個人出荷となっているが、ねぎに関しては商流上は農協を経由させている。調製については、いずれの品目も市場の規格で選別したものを、業者から購入した既成の出荷ケースに入れることによって行っている。また、代金の精算は農協扱いとなるねぎについても個別に行われている。

　以上、調査対象における青果物出荷の概要について確認してきたが、ここで調査対象の出荷形態を前掲表1-11のパターンによって分類すると以下の

とおりとなる。まず、実質的には出荷組合共販といえるが商流上は農協を通すパターン2については、生産者Aの農協予冷部会によるものが該当している。続いて、狭義の出荷組合共販であるパターン4となるのは、生産者Eのほうれんそう以外の品目が当てはまる。そして、出荷組合の名義で出荷していても実質的には個人出荷であるパターン5については、生産者Cが該当している。最後に、狭義の個人出荷であるパターン6については、生産者Aの農協予冷部会以外の品目や生産者B及びDの全品目、そして生産者Eのほうれんそうが含まれている。

（2）青果物の輸送方法

　調査対象における青果物の輸送方法についてとりまとめたものが表5-3である。

　生産者Aは、川口市場に出荷するものは卸売業者の巡回集荷によって、同氏の庭先で引き渡している。また、北足立市場への出荷に関しても、卸売業者が手配した運送業者が同氏の庭先にまで集荷に訪れている。巡回集荷を利用した場合の輸送費は、卸売業者が販売代金から輸送費を差し引くことによって精算されている。また、この場合の単価についてほうれんそうを例に示すならば、北足立市場では6円/束であり、出荷ケース単位でみれば150円/ケースとなっている。同じく、川口市場では「販売代金×0.015」が市場までの輸送費である。なお、川口市場においては朝市と夕市というように1日2回の取引が行われているが、巡回集荷は1日1便であり、このため1回の巡回によって当日の夕市だけでなく、翌朝の朝市の出荷品についても集荷されている。一方、農協予冷部会については地域内にある集荷所から共同輸送されている。

　生産者Bは、ねぎについては板橋市場までの輸送を運送業者に委託しており、同氏は自分の庭先において運送業者に荷を引き渡している。なお、ねぎの輸送単価は70円/ケースである。一方、距離的に近い柏市場に出荷するほうれんそうについては、自己所有のトラックによって輸送している。

第 5 章　東葛飾地域の野菜生産者における出荷先の選択要因

表 5-3　調査対象における青果物の輸送方法（2006 年）

	品目	販売先	搬出場所	搬出時間	市場への輸送方法	取引時間
生産者A	えだまめ	川口市場	生産者の庭先	14:00	巡回集荷	17:00
	ほうれんそう	北足立市場		15:00	巡回集荷	6:00
		その他市場	地域の集荷所	3:00～15:00	運送業者（共同輸送）	6:00
		川口市場	生産者の庭先	14:00	巡回集荷	17:00
	春菊	その他市場	地域の集荷所	3:00～15:00	運送業者（共同輸送）	6:00
		川口市場	生産者の庭先	14:00	巡回集荷	17:00
生産者B	ねぎ	板橋市場	生産者の庭先	9:00～19:30	運送業者（個別輸送）	6:00
	ほうれんそう	柏市場	柏市場	9:00～20:00	生産者自身による	7:00
生産者C	かぶ	柏市場	生産者の庭先	15:00	運送業者（共同輸送）	7:00
	葉生姜					
	ねぎ					
	ほうれんそう					
生産者D	ねぎ	越谷市場	越谷市場	16:00	生産者自身による	17:00
	ほうれんそう					
生産者E	にんじん	大田市場	生産者の庭先	17:00	運送業者（個別輸送）	6:00
	キャベツ					
	ほうれんそう	船橋市場	船橋市場	8:00～19:00	生産者自身による	
	ねぎ					

資料：ヒアリング（2007 年）による。

　生産者Cは、いずれの品目についても個人の運送業者[8]に市場までの輸送を委託している。この場合の運送業者は生産者Cと同じ集落の居住者であり、同業者は同じく集落内に居住する出荷組合員の庭先を巡回しながら集荷し、柏市場までの輸送を行っている。輸送の単価は品目によっていくらか異なっているが、おおむね75～80円/ケースである。

　生産者Dは、ねぎ、ほうれんそうともに自己所有のトラックによって輸送している。同氏によれば、現在の出荷先市場である越谷市場よりも柏市場や松戸市公設地方卸売市場北部市場の方が直線距離では近いものの、有料道路を使用すれば時間的に変わることはないとしている。

　生産者Eは、にんじんとキャベツの輸送については出荷量が多いことに加えて、比較的遠距離に位置する大田市場に出荷する関係から運送業者に委託している。しかし、最寄市場である船橋市場に出荷するほうれんそうとねぎについては、数量的に少ないこともあって自己所有のトラックによって直接市場に搬入している。

第4節　出荷先の選択要因

（１）生産者A

　調査対象が出荷方法や出荷先を選択する理由について確認すると、概略は以下のとおりとなる。

　生産者Aは、前述のように以前は農協の出荷組合を通じて出荷していたが、2003年からは自身の高齢化に伴う経営縮小に合わせて個人出荷へと切り替えている。出荷方法を変更した理由としては、厳密な選別と恒常的な出荷が要請される出荷組合と比較して、個人出荷は厳密な選別が要求されない点があげられている。その一方で、農協の予冷部会は高度な選別が必要となるが恒常的な出荷までは要求されず、また少量であっても受け入れてもらえることから、実施期間中は継続して利用している。

　出荷先市場の選択にあたっては、2003年の段階においては巡回集荷の利便性と選別に関する許容度の大きさから川口市場が選ばれている。そして2006年11月には、ほうれんそうの相場は川口市場より北足立市場の方が高いことを理由として、主要な出荷先を北足立市場に変更するとともに、一部については川口市場への出荷を継続させながら現在に至っている。一方、春菊については川口市場の相場も決して低くはないことから、ほうれんそうの出荷先を北足立市場に変更した後も、春菊に関しては継続して川口市場に出荷している。えだまめについては、北足立市場と比較して川口市場の夕市の方が相場が良いことから、2003年以降は川口市場に継続して出荷している。

　なお、近年は近郊園芸産地の都市化に伴って農業生産が縮小しつつあることから、卸売業者は巡回集荷に経営努力を傾けており、なかでも東葛飾地域は、集荷を巡る卸売業者間の競争が激しい地域[9]ということができる。そして、このように出荷先市場に関する選択肢が多いなかにおいて、生産者は少しでも高い相場を出せる市場を選択する傾向が存在している。

（2）生産者B

　生産者Bは、ねぎについては20年以上前から板橋市場に出荷しているが、その理由としては、出荷開始当時において同市場のねぎの相場が高かった点があげられる。現在、同市場には他市場と比較して価格面での優位性はなくなっているが、市場担当者とのつながりのない市場にロットの小さい個人出荷品を新規に出荷したとしても、価格的に高く評価されないと考えられることから、現状においても出荷先の変更は予定されていない。

　一方、重量当たりの単価の低いほうれんそうについては、輸送費を抑えるため最寄りである柏市場の朝市に、20年以上前から継続して出荷している。同市場では朝市以外に夕市も行われているが、夕市に出荷する場合は15時までに市場に搬入しなければならない一方で、朝市ならば担当者に連絡さえしておけば搬入は深夜になっても受け入れてもらえることが、同氏が朝市を選択する理由となっている。それ以外にも、朝市の規格は一般的な300ｇ／束であるのに対して、産地市場的な性格の強い夕市においては同氏が行った経験のない400～450ｇ／束での選別が求められる点も、朝市が選択される理由となっている。

（3）生産者C

　生産者Cは、40年以上前から現在の柏市場の母体となった市場に出荷しており、この間、複数回にわたる卸売業者の統廃合があったものの、一貫して同じ市場に継続出荷している。同氏が柏市場に出荷する理由としては、同市場が最寄りであるというだけでなく、前述のように自身が所属する出荷組合が柏市場の卸売業者と関係が深いという点があげられる。さらには、同氏の親族が柏市場の販売担当者であり、このため他の市場には出荷し難いという心理的な理由もあげることができる。

　なお、ねぎとかぶについては、以前は柏市場の夕市に出荷していたが、10数年前に朝市へと変更している。その理由としては、産地市場的な性格の強

い夕市の購入者である転送業者[10]からは青果物に対してロットが要求される一方で、生産者Cは高齢化を理由として出荷数量を減少させたことから、要求されるロットの確保が難しくなったことがあげられている。

また、同氏が個人ではなく出荷組合の名義で出荷する理由としては、1個人ならば卸売業者から「軽んじられる」ことも多いが、出荷組合の場合は組合員数が減少したといえども数による交渉力があり、このため組合の総会等を通じて、卸売業者に対して高い相場を維持するように要求することも可能となる点があげられている。

(4) 生産者D

生産者Dは、1988年までは東京都中央卸売市場神田市場に出荷していたが、同市場の大田への移転によって遠くなったことを理由として、現在の出荷先である越谷市場へと変更している。同氏の居住地の周辺には、越谷市場以外にも柏市場や松戸北部市場など比較的規模の大きな夕市併設市場が存在しているが、越谷市場の夕市は他市場と比較してねぎの価格が安定していることが、同市場を選ぶ理由となっている。また、同氏が朝市でなく夕市に出荷する理由としては、産地市場的な性格の強い夕市は朝市と比較して価格変動が大きいという傾向はあるが、野菜の品質そのものを評価してくれることから総体的に高い相場が形成される点があげられている。

なお、同氏は20年以上前は農協共販によって出荷していたが、農協共販では市場において選別の悪い出荷者のものと一括りに評価されてしまうことから、それを嫌って個人出荷に移行したという経緯がある。言い換えれば、農協共販で出荷するよりも、ロットは小さくても個人で選別水準の高い荷を作って出荷する方が市場でより高く評価されることが、個人出荷を選択する理由ということができる。それと関連して、同氏は東葛飾地域には市場が多数存在するうえに都内市場への個人出荷も容易であることから、農協が選別に関して厳しく指導すると出荷者は個人出荷に切り替えるという態度を示す傾向が存在することを指摘している。このため、出荷者が共販から離脱する

第5章　東葛飾地域の野菜生産者における出荷先の選択要因

ことを恐れる農協は選別基準を緩くする結果、市場において農協出荷品は総体的に低く評価されるという結果につながっている。

最後に、本章の課題からは逸脱するが、生産者Dによれば同氏が所属する農協の共販は出荷者数を確保できなくなりつつあり、今後、共販体制が維持できるか疑問がある[11]とのことである。同様に、同氏居住地周辺の出荷組合についても出荷者数は減少しつつあり、将来的には組合が組織として成立しなくなる可能性が高いことを指摘している。

（5）生産者E

生産者Eは、出荷数量の比較的大きなキャベツとにんじんについては大田市場に出荷している。その理由としては、同氏が大田市場に出荷することに対して野菜生産者としての「地位」を感じていることにある。それに加えて、同氏は1997年頃までは農協の出荷組合を通じて大田市場に出荷していたが、その当時の担当者が現在においても同市場にいるということも理由の一つとなっている。なお、同氏が農協の出荷組合から脱退した理由については、出荷者数の減少に伴うロットの縮小によって共販の利点がなくなり、相対的に生産者の個人ブランドの優位性が増した点があげられている。

また、出荷額の大きいにんじんとキャベツについては商流上農協を通しているが、その理由として、①農協が市場への販売代金を保全することによる安心感、②農協が販売額の一部を積立てることによる価格低迷時の価格補填、③卸売業者も商流上農協を経由させることを希望しているという3点が指摘されている。

一方、出荷数量の少ないほうれんそうについては、同氏の先代までは全量を船橋市場に出荷していたが、その当時から懇意であった担当者が現在でも同市場の卸売業者に勤務しているということが、船橋市場への出荷を継続する理由となっている。また、ねぎについては、同品目の生産を開始した1998年当時に農協職員から紹介された船橋市場の担当者が、現在においても同市場に存在しているということが、出荷を継続してきた理由となっている。そ

123

して、同担当者を農協職員から紹介を受けたということが、現在でもねぎの商流については農協を経由させる理由の一つとなっている。

(6) 本節の小活

 以上、本節では生産者が出荷先市場を選択する理由についてみてきたが、その結果、市場で形成される相場や輸送に要する労力及びコストといった経済的な要因だけでなく、現在に至るまでの経緯や担当者との人間関係など、経済的な要因以外の要因も出荷先の選択に大きな影響を与えていることが明らかとなった。さらに総体的な動向としては、野菜出荷者は農協共販から離脱し、個人出荷等へと移行する傾向にあることがうかがえた。

第5節　小括

 本章においては、個人出荷者における出荷の実態と出荷先市場の選択要因について検討を行ったが、最後に本章を通じて明らかとなった事柄について確認し、まとめとしたい。

 千葉県東葛飾地域は農協や出荷組合を通じた出荷だけでなく、多数の卸売市場に個人出荷することも可能であり、さらには卸売業者が巡回集荷に来ていることもあって、生産者の出荷に関する選択肢は多岐にわたっている。このような流通環境において、農協共販との関係からみると、他の出荷者の出荷品と一緒に評価されることを望まない出荷者や農協の選別基準に合わせられない出荷者については、共販から離脱する傾向が存在していた。それ以外にも市場で形成される相場や市場までの輸送コスト及び労力負担、巡回集荷の有無や市場への搬入時間帯、さらには市場担当者との人間関係等といった様々な要因が、生産者の出荷先選択に影響を与えていた。このため、生産者における出荷先の選択要因について一般化するのは容易ではない。そして、これらの要因に加えて、生産者の経営状況や品目特性、農協や出荷組合の体制や施設等の状況も出荷者の出荷行動に大きく影響を与えていると考えられ

第 5 章　東葛飾地域の野菜生産者における出荷先の選択要因

ることから、本章における検討のみで出荷先選択の一般的傾向を導き出すには限界がある。

しかし、少なくとも東葛飾地域の生産者が農協共販から離脱していくなかにおいて、全体的な傾向として、比較的規模が大きく技術水準の高い生産者は個人ブランドによって市場への個人出荷を行う傾向が認められ、その一方で、高齢化によって出荷に伴う労力を軽減したい生産者は市場による巡回集荷を活用する傾向があることはいえるだろう。

最後になるが、東葛飾地域においては生産者の高齢化に伴うリタイヤや農地の転用による離農によって出荷者の減少が顕著であり、将来的には農協や出荷組合等による組織的な出荷体制の維持が難しくなることが予想される。そして、その一方で生産者による個人出荷や農産物直売所での販売等が増加していく可能性が高いと考えられる。しかし、量販店等には農薬ポジティブリスト制度の導入以降、個人出荷された青果物の安全性を疑問視する意見もある[12]ことから、今後はより一層、出荷品の安全性の確立が求められている。このため、今後は農協や行政機関等による個人出荷者への安全対策も含めた総合的な支援が、より必要となっていくのではないだろうか。

注
1) 東葛飾地域内の卸売市場における個人出荷野菜の流通については本書の第3章を、都内の中央卸売市場における個人出荷等野菜の流通については本書の第4章を参照されたい。
2) 後述のように、本章において検討した生産者には出荷組合名義で出荷をおこなうものも含まれていることから、表記についても煩雑な感は否めないが「個人出荷者等」としている。
3) 生産者Aは2006年現在で2,600kg/年のほうれんそうを出荷しているが、2003年当時は現在の約2.5倍である6,600kg/年の出荷量であった。
4) 生産者Aが属する農協は共販を行っておらず、このため農協の予冷部会は農協共販を行うための組織ではなく、商流上は農協を経由させた出荷組合と同様の性格のものである。
5) 川口市場を含む埼玉県東南部の卸売市場における朝市・夕市別の集・分荷については、木村［1］を参照されたい。

6）生産者Bが所属していた出荷組合は、農協がねぎの共販を開始する以前に設立されたものであり、農協が共販を開始した後においてもそれと合流せず、引き続き出荷を行っていた。
7）農協が販売している出荷ケースは多色刷りであることからその単価は高くなっているが、生産者Bオリジナルの出荷ケースは約80円/ケースと比較的安価である。
8）2010年2月に柏市場の卸売業者に対して行ったヒアリングによれば、同社の巡回集荷は自社便1台と運送業者2台というように合計3台のトラックによって行われており、このうち生産者Cが利用しているものは運送業者の1台が該当している。
9）生産者Aの所在地域には調査時において5市場の卸売業者が巡回集荷にきており、生産者はいずれの市場にも出荷することが可能となっている。
10）ここでいう「転送業者」は、いわゆる「出仲（＝出荷仲卸業者）」と「投師」が該当している。
11）生産者Dが越谷市場の卸売業者の担当者に聞いたところでは、卸売業者が農協共販の出荷者を個人出荷者として勧誘するのは容易であるが、農協が個人出荷者を共販に参加させることは至難であるとのことであった。
12）2007年に栃木県宇都宮市内の量販店に対して行ったヒアリングでは、ポジティブリスト制度実施以降は安全性に対する不安から、市場に高品質な個人出荷品が入荷していても取り扱わないようにしているとの意見が聞かれた。

引用文献

［1］木村彰利「大都市近郊園芸生産地域に存在する地方卸売市場における個人出荷青果物の流通構造に関する研究」『農業市場研究』第14巻第2号、2005年12月、pp.64～72。

第6章

東葛飾地域の農産物直売所における青果物等の販売

第1節 本章の課題

　千葉県東葛飾地域は東京都に隣接するという立地条件を活かして、大都市近郊園芸生産地域として発展してきた。しかし、第1章において確認したように、戦後においては東京都や千葉市のベッドタウンとしての性格から人口の増加が著しく、現在において同地域は千葉県内でも都市化の進んだ地域となっている。

　そして、同地域の農業生産の特徴は、大消費地の後背産地として多品目にわたる青果物の生産が行われていることにある。流通に関しては、市場へのアクセスが容易であることから生産者による個人出荷や出荷組合による出荷が盛んに行われており、その一方で系統経由率が低い[1]という特徴がある。また、生産者の経営上の特徴としては、主業農家の割合が比較的高く[2]農業を経営の中心とする生産者が多く存在する一方で、都市近郊という立地条件を活かしてマンションやアパート、駐車場等の不動産賃貸を経営の中心としながら、農業については自給も含めて「趣味的」に行うものが多い[3]という点があげられる。それに加えて近年は生産者の高齢化が進行しており、作業負担の問題から生産規模を縮小したり廃業するものも多く、大きなロットによる継続的な出荷には課題が多い[4]。また、同様の理由から厳しい選別や調製に対応できない生産者が多数存在している。

　ここで、東葛飾地域で行われている主要な販売方法について再確認すると、①生産者による卸売市場への個人出荷[5]、②農協や出荷組合を通じた共販、

③生産者による庭先直売等をあげることができる。

このうち、個人出荷については市場等の規格に合わせた選別やケース単位のロット形成が要求される[6]だけでなく、卸売業者による巡回集荷を利用しないのであれば市場までの輸送が必要である。一方、農協や出荷組合の共販については個人出荷以上に厳密な選別を行わなければならず、加えて出荷ケース単位のロット形成や継続的・計画的な出荷も要求されている。また、個人で庭先直売[7]を行う場合には選別の許容度は大きいものの、生産者自身で店舗等を設置しなければならないうえに、ある程度の品揃えや数量も必要となっている。このような理由から、上記の販売方法は高齢化した小規模生産者等には適さない方法である。

その一方で、農産物直売所で販売する場合はすでにみた三つの販売方法とは異なって、選別基準が緩やかなだけでなくロット的な制約も少ない[8]とされていることから、同地域に特徴的な「趣味的」生産者の販売方法として適性が高い[9]ことが想定される。さらには、生産地と消費地との距離が近い同地域においては、直売所での販売はより優位性の高い方法ということができる。そして、大都市近郊園芸生産地域に設置された農産物直売所が地域の農業に与える影響について明らかにすることは、都市近郊農業の振興方策について検討するうえでの一知見となることが期待される。

このため、本章においては千葉県東葛飾地域の農産物直売所における青果物等の集荷・販売の実態について検討するとともに、直売所が地域の農業振興において果たしている役割について明らかにすることを課題とする。

第2節　農産物直売所の設置状況と調査対象の概要

(1) 農産物直売所の設置状況

千葉県東葛飾地域には、2008年3月の段階において13店舗[10]の農産物直売所が設置されている。また、これら以外にも個人または複数の生産者で設置した直売店舗も多数存在しているが、直売店舗については生産者が自分の

第6章　東葛飾地域の農産物直売所における青果物等の販売

生産物を庭先直売するための施設であり、会員資格があれば多数の生産者が自由に出荷できる農産物直売所とは性格の異なるものであることから本章の対象とはせず、別途、第7章において検討を行うこととしたい。

そして、本章においては、上記13店舗のなかから調査への協力が得られた7店舗の農産物直売所を分析の対象としている。なお、これら直売所に対するヒアリングは、2008年8月から9月にかけて適宜実施した。

（2）調査対象農産物直売所の概要

1）直売所A

これ以降については調査対象農産物直売所の概要についてみていきたい。なお、調査対象となった農産物直売所の所在地は**図6-1**、直売所の概要は**表6-1**、直売所の設置から調査時に至るまでの経緯については**表6-2**、直売所の品目構成と集荷方法に関してまとめたものが**表6-3**となっている。これらの表に基づいて、直売所の概要について確認すると概略は以下のとおりである。

直売所Aは柏市高田にあり、2007年の年間販売額が約7億7,000万円となっているように、調査時点において東葛飾地域における最大規模の農産物直売所である。また、同直売所の売場面積は133坪、駐車台数も124台となっているように施設規模も大きく、非正規従業員も含めて55人の職員によって店舗が運営されている。

直売所Aが設置されたのは2004年の5月であるが、それ以前には周辺地域に10箇所程度の直売所[11]や直売店舗が存在していたが、同直売所の設置によってこれら既存の直売所等は閉鎖され、結果として一つに統合されている。ちなみに、同直売所が設置された背景には、当時、中国から輸入されるねぎに対してセーフガードが発動されるなど、国内において野菜の生産を継続していくための環境が悪化していたことと関係が深い。そして、環境の悪化に起因する生産者の不安を背景として、柏市内で農業を続けるとともに都市に近いという同市の立地環境を活かせる方法として、15人の生産者が中心と

図6-1 調査対象農産物直売所の所在地

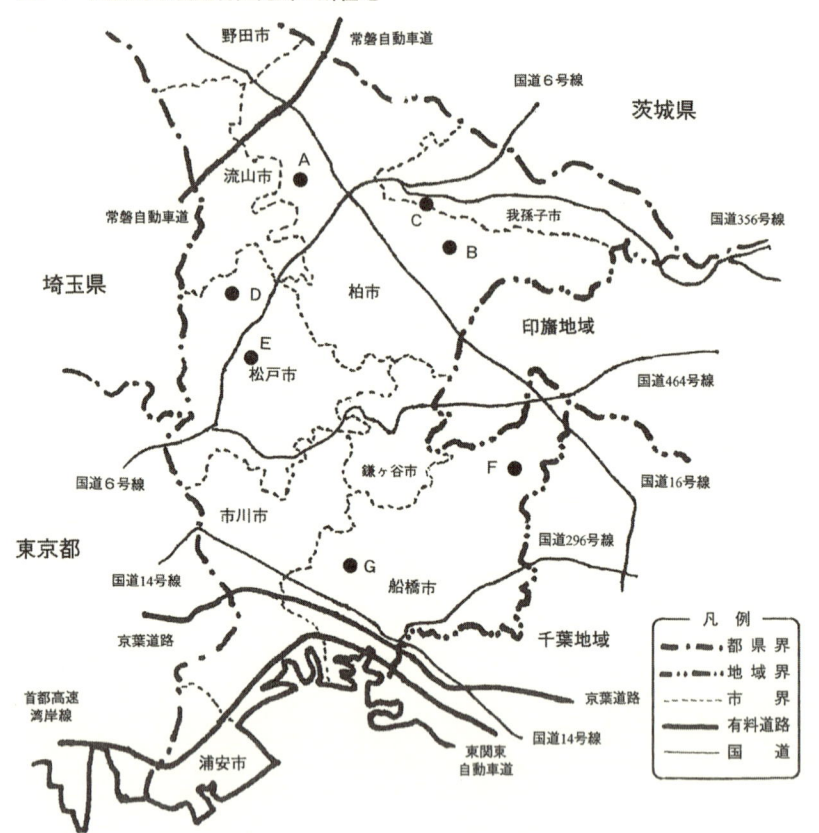

　なって直売所の設置が構想されている。直売所の設置に当たっては、外部からの支援[12]も受けて株式会社が設立され、現在に至るまで直売所の運営母体となっている。
　直売所でAの品目構成は野菜が約65％を占めており、次いで畜産物や加工食品であるその他の約17％となっている。また、柏市は比較的水田が多いこともあって、米の占める割合も約10％というように他と比較して高くなる傾向がある。集荷方法については、全体の約65％が委託によって集荷されている。

第6章　東葛飾地域の農産物直売所における青果物等の販売

表6-1　調査対象直売所の概要

単位：坪、千円、人

	所在地	運営主体	売場面積	年間販売額	延べ雇用従業員数 合計	正規	非正規	定休日	備考
直売所A	柏市高田	株式会社	133	770,000	55	5	50	水	
直売所B	柏市箕輪新田	株式会社	96	670,000	45	7	38	－	道の駅で営業。正規従業員は出資した生産者。
直売所C	我孫子市我孫子新田	財団法人	30	95,000	12	2	10	水	財団法人は我孫子市の外郭団体。現在の店舗は仮店舗。
直売所D	松戸市横須賀	スーパー	20	95,000	5	4	1	－	店舗は量販店の敷地内にあり。運営は地元の不動産業者。
直売所E	松戸市馬橋	任意団体	21	25,000	－	－	－	日月水木金	農協が店舗施設を提供。営業は火・土の半日のみ。レジは生産者2名が交代で担当。
直売所F	船橋市豊富町	農事組合法人	40	50,000	7	1	6	－	生協産直が経営の中心。
直売所G	船橋市行田	農業協同組合	20	32,000	2	2	－	－	量販店に併設（レジは共通）。

資料：ヒアリング（08年）による。
注：年間販売額は2007年の実績である。

表6-2　調査対象直売所の設置の経緯

	設置時期	直売所設置に至る経緯
直売所A	2004年5月	地元の生産者が中心になり、外部資金の融資も受けて設置。
直売所B	2001年4月	2001年の道の駅設置を機に、地元2農協と生産者出資の有限会社で開始。 2002年に有限会社を解散し、新たに生産者出資の株式会社を設立。
直売所C	2007年6月	1999年頃から我孫子市に直売所設置の意向あり。 2007年に、市の外郭団体が直売所を設置。
直売所D	2004年5月	松戸市の要望と農協の協力を得て、量販店が店舗の敷地内に設置。
直売所E	2004年7月	1993年に任意団体である「無農薬栽培研究会」が設立。 2002年から農協前で朝市を開催。 2004年に農協が直売施設を設置し、任意団体に貸与。
直売所F	2005年8月	1975年に生協産直を目的として農事組合法人を設立。 2005年に生産者の希望により直売所を設置。
直売所G	2005年	1998年に生産者の要望と農協の意向から農協の量販店で直売を開始。 2005年に量販店に併設した直売コーナーを設置。

資料：ヒアリング（08年）による。

表6-3 調査対象直売所の品目構成と集荷方法（金額割合）

単位：％

	品目構成						集荷方法			備考
	合計	野菜	果実	米	花き	他	合計	委託	買付	
直売所A	100	65	5	10	3	17	100	65	35	
直売所B	100	77	1	9	0	12	100	85	15	高級品が多い。
直売所C	100	60	15	10	5	10	100	70	30	
直売所D	100	80	5	5	8	2	100	100	−	
直売所E	100	88	2	−	2	8	100	100	−	生産方法に特徴。
直売所F	100	74	10	5	1	10	100	85	15	特殊な品目が多い。
直売所G	100	90	10	−	−	−	100	100	−	

資料：ヒアリング（08年）による。

２）直売所B

　直売所Bは旧沼南町によって設置された道の駅で営業しており、所在地は柏市箕輪新田である。同直売所の年間販売額は約6億7,000万円というように、直売所Aに次ぐ規模となっている。しかし、売場面積は96坪であることから、面積当たりの販売額[13]は大きい。従業員数は非正規も含めて延べ45人である。

　直売所Bの設置は2001年4月であるが、設置にあたっては8人の生産者と地元の2農協の出資による有限会社が設立されている。なお、同直売所の設置によって、周辺に存在していた10以上の直売所や直売店舗が閉鎖されている。しかし、同有限会社は農協の出資割合が50％を超えていたことから、初年度の決算において農協との連結決算になってしまったことに生産者が反発し、このため、翌2002年には独立性を維持するために有限会社を解散したうえで、新たに生産者の出資による株式会社が設立されている。

　直売所Bの取扱品目は約77％が野菜によって占められており、次に多いのが加工食品であるその他の約12％となっている。そして、同直売所で取り扱われる品目の特徴としては、いわゆる「高級品」が多いことにある。このような特徴がみられる要因としては、どのような商品が店頭に置かれているかによって直売所の客層が規定されてしまうとの考えから、直売所の設置当初から運営者が出荷者に対して高級品を出荷するよう働きかけることを通じて、取扱品に関する他の直売所との差別化を図るよう誘導してきたことがあげら

第6章　東葛飾地域の農産物直売所における青果物等の販売

れる。また、同直売所の委託集荷率については、約85％を占めている。

3）直売所C

直売所Cは、直売所Bにほど近い我孫子市我孫子新田にあり、年間販売額は9,500万円である。同直売所の売場面積は約30坪となっており、延べ12人の従業員によって運営されている。また、我孫子市の外郭団体である財団法人によって運営されるという特徴がある。

直売所Cの設置にあたっては、市内に農産物直売所の設置を望んだ市当局の意向が大きく、このため福祉事業を行っていた財団法人に直売所の運営を依頼[14]したという経緯が存在している。そして、2007年6月に将来的に正式な店舗を設置するまでの仮店舗[15]として開店し、調査時に至っている。

直売所Cで取り扱われている商品の構成は野菜が約60％であり、次いで果実の約15％となっている。取扱品全体に占める委託集荷率は約70％であり、直売所Aに次いで低い割合となっている。また、同直売所で扱われる果実の約90％までは市場からの買付品であり、委託によって集荷されるものはわずかである。

4）直売所D

直売所Dは、住宅街である松戸市横須賀で営業を行っている量販店の敷地内に設置された店舗である。同直売所の売場面積は約20坪であり、5人の従業員によって年間約9,500万円が販売されている。

直売所Dの運営は量販店の嘱託職員によって担われているが、同職員の本業は不動産業であるという運営上の特徴がある。このように不動産業の経営者が直売所の運営を行うようになった背景には、同職員が量販店と地域の生産者双方に接点があったことがあげられる。具体的には、量販店が同地に出店するにあたって同職員が用地取得に協力しており、その一方で、同職員はアパート等不動産経営を行う地域内の多数の生産者とつながりあったことが、量販店から直売所の運営を任された要因となっている。

直売所Dの商品構成については野菜が約80％を占めており、次いで花きの8％となっている。なお、同直売所は前述のように量販店に併設されており、買付仕入については量販店の方で対応していることから、直売所については全量が委託によって集荷されている。

　5）直売所E
　直売所Eも比較的都市化の進んだ松戸市馬橋にあり、農協が設置した施設において、生産者の任意団体によって運営されている。同直売所の店舗面積は21坪であり、火曜日の午前と土曜日の午後に限って営業されている。また、年間販売額は2,500万円である。同直売所は運営にあたって従業員を雇用せず、任意団体の会員である生産者が２人ずつ交代でレジを担当している。
　直売所Eには、無農薬栽培を行う零細な生産者による勉強会的な団体としての前史があり、同団体は1993年に24人の会員によって設立されている。そして、同団体は2002年から農協の前において週に１回の頻度で朝市を開いており、2004年には生産者の要望を受けた農協によって現在の店舗が設置されている。このような前史があることに加えて、同直売所は現在においても生産者自身が販売を担当していることから明らかなように、生産者が自分自身の生産物を持ち寄って販売するという性格の店舗ということができる。また同様の理由から、後述するように取り扱われる品目にも特徴がある。なお、直売所設置時には団体の名称が変更されており、それに合わせて慣行栽培を行う生産者の入会も認められるようになっている。
　直売所Eにおいては販売金額の約88％が野菜となっており、果実や花きについてはいずれも約２％でしかない。また、同直売所で取り扱われる野菜には、前身となった生産者団体当時からの性格を引き継いで現在でも農薬を使用しなかったり、生産方法等にこだわりのあるものが多いという特徴がある。また、生産者が自分の生産物を持ち寄って共同で販売するという店舗の性格から、取り扱われるものは全てが委託となっている。

第6章　東葛飾地域の農産物直売所における青果物等の販売

6）直売所F

　直売所Fは、船橋市内では郊外に位置する豊富町に所在している。同店の売場面積は約40坪であり、7人の従業員によって運営され、約5,000万円の年間販売額の店舗である。同直売所の運営主体は、1975年に設立された、主として生協産直を行う農事組合法人である。

　同法人による直売所の構想は相当以前からあったとされているが、付近に同法人が納品する生協店舗が存在したことからそれへの配慮もあって実現は遅れ、2005年になってようやく設置されたという経緯がある。同法人が直売所Fを設置した理由は以下のとおりである。第1に、連作障害回避のために生産者の生産品目は多品目化しているが、生協産直ではロットの大きなものしか販売することができず、このため小ロット品の販路が必要となったこと。第2に、小ロットとなる品目についても再生産費を保証するため自分で価格を設定したいという生産者の意識が強くあったこと。さらに第3として、直売所においては多くの品目を一度にみることができることから、直売所に生協のバイヤーを招くことによって、実際の商品を示しながら商談が行えるという交渉の場としての役割も果たしている。

　直売所Fの品目構成は野菜が約74％を占めており、それに果実やその他の約10％が続いている。同直売所の商品上の特徴としては、卸売市場には流通せず、一般の小売店では販売されない珍しい品目や品種が多く取り扱われていることにある。ちなみに、このような品目は生産者が将来の市場性を見込むとともに、今後の需要開拓のために生産しているものに加えて、栽培技術の開発・向上を目的に生産されたものや単に話題性を求めて生産されたものなど、様々な理由によって生産されたものとなっている。また、同直売所で扱われているものの約85％は委託集荷品である。

7）直売所G

　直売所Gは船橋市行田にあり、団地内で地元の農協が経営する量販店に併設された直売コーナーというべきものである。このため、直売品の販売代金

の精算は、量販店のレジにおいて直売品以外の商品と共に行われている。直売品の年間販売額は約3,200万円であり、店舗全体の野菜販売額に占める割合は約30％となっている。

　直売所Gにおけるこれまでの経緯については、以下のとおりである。直売が開始されたのは1998年であるが、当時、農協の組合員である生産者には地元の野菜を消費者に対して直接販売したいという意向があったことから、店舗の青果物売場に生産者が持ち込んできたものを置いたことが、直売を開始した契機となっている。そして、その一方には、量販店の顧客である消費者にも直売品に対する関心があったことが、直売が行われた理由の一つでもある。その後、2005年には直売品の取扱量が経年的に増えたことと、顧客に対して買付品との違いを明確に示すことを理由として、既存店舗の外に拡張する形で直売コーナーが増設されている。

　直売所Gの品目構成は野菜が約90％を占めており、それ以外については全てが果実となっている。また、同直売所の本体である量販店においては市場等からの買付仕入が行われていることから、直売品に関しては全量が委託によって集荷されている。

（3）本節の小活

　以上、調査対象となった農産物直売所について個別にみてきたが、その内容について概括すると以下のとおりとなる。

　まず、直売所の運営主体については、直売所A、B、E及びFについては生産者が自分の生産した農産物の販売先として、直売所DとGについては量販店が販売戦略の一環として、また直売所Cについては行政が地域振興施策として設置したものということができる。年間販売額については、直売所Aの7億7,000万円から直売所Eの2,500万円というように、30倍以上の規模格差が存在している。しかし、これら直売所の全国的な位置付けについては、総じて大規模層に偏っている[16]ということができる。なお、これら直売所における委託品の合計取扱額を推計すると約13億3,100万円となり、同数字に

第6章　東葛飾地域の農産物直売所における青果物等の販売

は若干の地域外産が含まれてはいるが、東葛飾地域の農業産出額の約2.9％[17]を占めている。

　直売所の設置時期についてみると、いずれの直売所も2001年から2007年に設置されているように比較的最近となっているが、なかには30年以上にわたる生協産直の活動実績があるものや無農薬栽培を行う団体としての前史を持つものもあり、その影響は現在にまで及んでいる。

　各直売所の販売額に占める野菜の割合は60～90％を占めており、これに果実を加えると75～100％が青果物となっている。このため、これ以降については分析の対象を主として青果物とし、表記についても「青果物等」としたい。また、これら直売所で取り扱われている青果物等の品目は、その地域で一般的に生産・出荷されているものということができるが、なかには高級品を多く扱う直売所Bや生産方法にこだわりのあるものが多い直売所E、市場には流通しない品目・品種等も取り扱う直売所Gのような事例も含まれている。そして、このような特殊性のある青果物等については、1品目当たりのロットの小ささや外見上の問題、さらには市場関係者の認知度の低さといった理由から、いずれも共販や市場出荷には向かない商品特性を持つものということができる。

　直売所における青果物等の集荷方法は大部分が委託となっているが、直売所A、B、C及びFについては買付集荷も併用されている。一方、量販店に併設されている直売所D及びGについては量販店において買付仕入が行われていることから、直売に関しては全量が委託となっている。また、直売所Eについても生産者が生産したものを持ち寄って販売するという店舗の性格から、全量が委託によって集荷されている。

第3節　青果物等の集荷実態

（1）直売所A

　本節においては、調査対象農産物直売所における青果物等の集荷実態につ

表6-4 調査対象直売所の出荷者

単位：人

	会員(出荷者)数			常時出荷者	出荷者の所在地	直売所設置以前の出荷先	備考
		正	准				
直売所A	220	—	—	約100	柏市内 約90% 千葉県内 約10%	卸売市場 直売所B 出荷なし（リタイヤ・自給） 等	
直売所B	76	76	—	76	柏市内（旧沼南町）	卸売市場 庭先直売 行商 等	継続的に出荷しない生産者は退会させている。 市場、量販店直納、行商との併用も多い。
直売所C	約60	—	—	約30	我孫子市内（湖北地域が中心）	卸売市場 スーパーへの直接納品 等	市場出荷や量販店直納との併用が多い。
直売所D	約80	—	—	45～50	松戸市内が中心 他は東葛飾地域	出荷なし（自給） 庭先直売 等	生産者のほとんどは不動産との兼業。
直売所E	約50	30	20	20～25	当該農協管内	卸売市場 等	生産者のほとんどは不動産との兼業。 他の直売場を併用する生産者も多い。
直売所F	60	50	10	10人	船橋市内 10人 東葛飾 12～13人 千葉県内 37～38人	生協産直 他の直売所 等	八千代市と印西市に集荷所あり。 専業的な生産者が多い。 一部、脱サラによる新規参入。 生産者は生協産直と直売所を併用。
直売所G	70	—	—	10～20	当該農協管内 60人 船橋市内 10人	出荷なし（リタイヤ・自給） 卸売市場 等	一度はリタイヤした高齢者が多い。 後継者は市場出荷の場合あり。

資料：ヒアリング（08年）による。

いて検討を行う。なお、各直売所の出荷者は**表6-4**、直売所の手数料率と販売価格の設定方法は**表6-5**を参照されたい。

　直売所Aの出荷者は登録された会員となっており、調査時の登録者数は約220人、このうち常時出荷者は約100人である。なお、出荷者の会員制度は、本章で検討する他の直売所においても設けられている。生産者は希望すれば会員として入会することが可能であるが、調査時においては会員数が過多であり、このため新規会員は午後に搬入を行うものに限定されている。出荷者の所在地は柏市内が約90％[18]、それ以外は流山市、野田市、我孫子市といった東葛飾地域に加えて、一部は印西市や白井市等も含まれている。

第6章　東葛飾地域の農産物直売所における青果物等の販売

表6-5　調査対象直売所の手数料率と価格の設定方法

		手数料率	価格設定の方法	備　考
直売所A	農産物 加工品	15％ 20％	生産者が定められた範囲内で設定 （直売所が品目ごとに上限と下限を設定）	
直売所B	農産物 加工品	正会員 15％ （准会員 20％） 正会員 20％ （准会員 25％）	生産者が原則的な価格に準じて設定 （直売所が品目ごとに原則的な価格を設定）	生産者ごとに価格は異なる。 直売所Aの設置により単価は下落。
直売所C	農産物 加工品	15％ 20％	直売所が品目ごとに最低価格を設定 近隣スーパーより30円程度安くするよう要請	
直売所D	全品目	20％	生産者に一任	開始後1年間は直売所が設定。
直売所E	正会員 准会員	10％ 20％	生産者に一任	手数料の5％は農協が徴収。
直売所F	野菜 果実、米	正会員 20～23％ 准会員 22～25％ 正会員 17～20％ 准会員 19～23％	生産者が基本価格の6割を下限に設定 （基本価格は直売所が品目ごとに設定）	集荷所利用料は他に3％。
直売所G	全品目	15％	生産者に一任 （生産者はAコープの価格を参考に設定）	

資料：ヒアリング（08年）による。

　直売所Aの出荷者における同直売所が設置される以前の出荷方法は、農協共販や個人または出荷組合を通じた市場出荷、直売所Bへの出荷等となっている。しかし、これら以外にも、直売所Aの設置を契機として以前は自給農家であったものが販売に新規参入したり、一度は出荷からリタイヤした生産者が販売を再開したケースも存在している。また、調査時においても多くの出荷者は市場出荷等何らかの販売方法を併用していることが多く、同直売所のみに出荷するものの方が少数派となっている。

　直売所Aが徴収する手数料率は農産物が15％、加工品については20％となっている。農産物等の販売価格については直売所が品目ごとに上限と下限を決めており、出荷者はその範囲内において自身で決定している。なお、このように価格帯を設ける理由としては、同直売所の周辺には人口が多く販売が容易であることから、出荷者の多くは価格を高くしても販売は可能である

との意識になってしまっている点が指摘されている。このため、価格を出荷者に一任すれば高く設定されてしまう可能性があることから、同直売所では直売所の評価を落とさないためにも規制を設けている。また、出荷品の選別や調製については、生産者が各自の基準で行っている。

　直売所Aは、委託集荷以外に買付集荷も行っており、その割合は約35％を占めている。仕入先の市場は柏市公設総合地方卸売市場[19]と松戸市公設地方卸売市場北部市場の２市場となっており、買付の対象品目は地元では生産されていないが品揃え上不可欠なものとなっている。

(２) 直売所B

　直売所Bは旧沼南町が設置した道の駅にあることから、出荷者についても全てが柏市のなかでも旧沼南町内の生産者である。同直売所の会員数は正会員が76人となっているが、准会員については現在は登録者がいない状態にある。会員には、果実など出荷期間が限定されている品目を除いて継続的な出荷が求められていることから、その全てが常時出荷者となっている。同時に、出荷者には１坪程度の売場を満たすことができるだけの出荷量が求められていることから、生産規模についても他の直売所の出荷者と比較して大きい傾向にあると考えられる。なお、調査時において同直売所は売場面積の関係から新規会員を受け入れておらず、このため、会員としての登録を希望する多数の生産者が存在している。

　直売所Bの出荷者における直売所設置以前の出荷方法については、都内や東葛飾地域内の卸売市場、個人の庭先直売、移動販売[20]等となっていた。現在においても、同直売所だけに出荷している出荷者は約50％であり、その一方で市場出荷との併用が約45％、量販店直納が約５％という構成となっている。また、一部については移動販売も行われている。

　手数料については正会員と准会員とで異なっており、正会員は農産物15％、加工品が20％であるが、准会員は農産物が20％、加工品は25％となっているように、いずれも５％高く設定されている。価格については直売所で品目ご

第6章　東葛飾地域の農産物直売所における青果物等の販売

との原則的な価格を設定しているが、実際には出荷者ごとに量目が異なることから、販売価格には幅が生じている。また、前述のように同直売所は比較的高級品が取り扱われていることから、他の直売所と比較して価格は高くなる傾向にあるが、2004年に直売所Aが設置されて以降は幾分引き下げられるなど直売所間の価格競争も存在している。販売される青果物の選別に関しては直売所としての基準を示しているが、実際にどのような調製を行うかは各出荷者の判断に任されている。

　直売所Bの買付集荷割合は約15％であり、柏市場と船橋市中央卸売市場から調達されている。買付の対象品目は、野菜では年間を通じて需要のある「カレーセット」と称されるじゃがいも、たまねぎ、にんじんと、同じく「サラダセット」と称されるレタス、キャベツ、トマトとなっている。また、果実については地元で生産されている品目はなし以外になく、その一方で、直売所周辺には霊園や病院があることもあって年間を通じて多種類の果実が求められていることが、買付の理由となっている。

（3）直売所C

　直売所Cの出荷者である登録会員数は60人であり、このうちある程度の出荷量が見込める常時出荷者は約30人となっている。なお、常時出荷者の年齢構成は50歳代以上が約20人を占めている。出荷者の所在地は、市の関与によって設置されたという経緯から我孫子市内に限られており、なかでも「湖北」とされる地域に比較的集中している。一方、同じ我孫子市内でもより直売所に近い地域からの出荷者は少なく、その理由として、同地域で他の生産者に影響力を持っている有力者と直売所との関係が良くないことがあげられている。このことから、農産物直売所においても市場出荷と同じく、いわゆる人間関係が出荷者の出荷先の選択に与える影響が大きいことがうかがえる。他の直売所との関係では、距離的に近い直売所Bとは出荷者が重複することはないが、直売所Aに関しては5人の出荷者が重複している。

　直売所Cの出荷者は、直売所設置以前には東葛飾地域内や都内の市場に出

荷するとともに、一部については量販店のインショップで販売していた。現在においても出荷者の3分の2は何らかの形で市場出荷や量販店への直接納品[21]を併用しており、同直売所のみという出荷者は3分の1程度である。

直売所Cの手数料率は農産物が15％であり、加工品については20％に設定されている。販売価格は出荷者が設定しているが、同直売所としても価格競争が激しくならないように最低価格を設定するとともに、出荷者に対して近隣の量販店の小売価格より30円程度安くするよう要請している。また、市場出荷と併用している出荷者は、市場相場と連動させて価格を設定する傾向があるとしている。

直売所Cは、取扱額の約30％については柏市場からの買付品となっている。野菜の買付は委託集荷品の品薄時に限られるが、果実については地元で生産されるものがなしに限定されているので、年間を通じて買付が行われることもあって約90％を占めている。

(4) 直売所D

直売所Dの出荷者は松戸市内が多くなっているが、それ以外にも野田市や流山市、柏市などに所在している。登録会員数は80人であるが、常時出荷者では45〜50人となっている。また、同直売所の出荷者は総じて高齢化している。これら出荷者においては、同直売所設置以前は庭先等で無人販売を行ったり、販売せずに自給のみであったものが中心となっているが、一部については市場出荷から移行してきたものも含まれている。また、少数ではあるが、現在でも市場出荷を併用する出荷者も存在している。

なお、同直売所の出荷者にかつては自給農家であったものが多くなった理由としては、直売所設置時に本業が不動産業者である直売所の職員が知己の自給農家を巡回し、直売所への出荷を要請することによって出荷者を確保したことがあげられる。

直売所Dの手数料率は、全品目一律に20％である。販売価格についても設置後約1年間は、併設の量販店の店頭価格を参考として直売所で設定してい

第6章　東葛飾地域の農産物直売所における青果物等の販売

たが、その後は出荷者に一任するように変更している。選別規格については直売所としての基準を提示してはいるが、基本的には出荷者に一任していることから、1束当たりのグラム数等には差が生じている。パッキングの方法は直売所が指導しており、出荷者はそれに合わせた調製を行っている。

(5) 直売所E

直売所Eの出荷者は、前身となった無農薬栽培を目的とする生産者団体から移行してきたものが多く含まれており、現在50人が登録されている。このうち正会員は30人、准会員は20人となっているが、正会員と准会員の違いは議決権の有無に加えて、直売所の店頭でレジを担当する義務があるかどうかにある。会員のうち、比較的継続的に出荷するものは20～25人であり、いずれも生産規模は大きくないものの、年齢構成は20～70歳代というように分散化されている。出荷者の所在地は全て松戸市内であり、それも直売所の施設を所有する農協[22]の管内に限定されている。

これら出荷者は、直売所設置以前は松戸市内の卸売市場に出荷していたものが多くなっているが、卸売市場では無農薬による青果物は評価され難いことを理由として、直売所へと出荷先を変更している。しかし、現在でも市場出荷や量販店への直接納品を併用する出荷者もあり、同直売所のみに出荷しているものは10人程度である。

直売所Eの手数料率は正会員が10％、准会員が20％であり、同手数料には農協に施設使用料として支払う5％が含まれている。価格については、当初は直売所で最低価格を定めることも検討したが、B級品が安く買えることも直売所の魅力であるとの考えから、出荷者に一任している。また、選別や調製の方法についても生産者に委ねている。

(6) 直売所F

直売所Fの運営主体である農事組合法人は生協産直を行う生産者の団体であることから、同直売所への出荷者も広範囲に分布している。具体的には、

船橋市内を中心とする東葛飾地域やその東側に位置する八千代市や印西市、さらには富里市等というように、千葉県内北部に広く分散して所在している。このように広範囲に分布していることから、八千代市と印西市には集荷所が設置されており、生協産直だけでなく同直売所への出荷にも利用されている。

　同直売所への出荷者となる会員は合計60人であり、このうち正会員が50人、准会員が10人という構成である。これを直売所への常時出荷者でみれば約10人となり、他の調査事例と比較して低い割合となっているが、その理由は会員であっても直売所への出荷を行わないものが多いことによる。なお、正会員とは法人の出資者であり、生産者が新規に入会する場合はまず准会員となって、その1年後に正会員に昇格するパターンが多い。出荷者の平均年齢は50歳代となっているが、八千代市に限定すれば30～40歳代が多くなっている。また、出荷者の生産規模についても、他の調査事例直売所の出荷者より大きくなっている可能性が高い。なお、直売所が設置された2005年時点の出荷者数は約40人であり、この3年間に約20人増加しているが、これらは他の直売所からの移行者や脱サラ等による新規就農者となっている。

　直売所Fの出荷者は、同直売所の設置以前から主として生協産直を販売の主軸として位置付けており、このため、現在においても産直を中心としながらそれに直売所を組み合わせた販売を行っている。これら出荷者における直売所の利用方法は、生協産直の数量調整に加えて、連作障害回避のために生産した小ロット品や試験的に生産した市場性の低い品目等の出荷先となっている。

　直売所Fの手数料率は品目によって分けられており、例えば正会員が直売所に直接持ち込む場合については、野菜が20％、果実が17％、米が17％となっている。そして、准会員についてはそれぞれ2％ずつ高く、さらに集荷所を利用する場合には輸送費として3％が上乗せされている。販売される青果物等の価格については、価格競争を防ぐために直売所が品目ごとに基本価格を設定し、その6割を下限として各出荷者が設定している。選別や調製については、直売所が出荷者に対して指示することはない。なお、同直売所で販売

第6章　東葛飾地域の農産物直売所における青果物等の販売

される青果物等は、生協産直の取り組みのなかで培われてきた独自の農薬使用方法や安全基準によって生産されており、このため同農事組合法人の会員となるには生産技術面でのハードルも存在している。

　直売所Fの取扱品の約15％は、買い付けによって調達されている。買付品の約50％は牛乳や卵、加工品等によって占められているが、青果物についても季節によっては委託集荷できないが、品揃え上必要な品目については船橋市場から調達している。このような品目としては、じゃがいも、たまねぎ、にんじん、だいこん及び果実等が該当している。

（7）直売所G

　直売所Gの出荷者は、その運営主体である農協の管内が地域的に限定されていることもあって、船橋市でも比較的狭い範囲内に分布するという特徴がある。出荷者を登録数でみれば70人となっているが、常時出荷者では10〜20人である。また、同直売所の出荷者は総体的に高齢化しており、平均年齢は60歳に近いとされている。

　同直売所への出荷者には、一度は経営を後継者に譲った生産者や高齢を理由に生産規模を縮小したものが多く含まれている。そして前者の場合、経営が後継者に委譲される際に後継者は前経営者の出荷方法である市場出荷を継承し、リタイヤした前経営者は小規模ながらも販売を再開するために、販売先を直売所へと切り変えたケースが多いという特徴がある。また、後者についても生産規模を縮小する前は市場に出荷していたが、縮小後はロットが小さくなったことを理由として直売所へと出荷先を変更してきたものである。また、一部には直売所の設置によって自給用野菜の生産を拡大し、販売に参入したものも含まれている。

　直売所Gの手数料率についてみると、全ての品目について一律15％に設定されている。また、選別・調製の方法や販売価格については出荷者に任せているが、多くの出荷者は直売所に併設された量販店における調製方法を参考にしており、価格についても量販店の価格を参考にそれより安く設定する傾

向がある。このため、直売品の価格についてh量販店よりおおむね2～3割程度安くなっている。

(8) 本節の小活

　ここで、本節における検討内容を総括すると、おおよそ以下のとおりとなる。

　まず、直売所の出荷者については60～220人となっている。このうち、恒常的な出荷や数量が要求される直売所Bや生協産直を中心とする直売所Fの出荷者は、他と比較して規模の大きな生産者が多くなる傾向にあると考えられるが、これら以外については高齢かつ零細な生産者の占める割合が総じて高い。また、直売所B及びFを除けば登録会員数と常時出荷者数とには乖離があり、非継続的な出荷者が多数存在していることが分かる。そして、このことは継続的な出荷が行えなかったとしても、直売所では販売可能であることを示している。

　出荷者の所在地については、当該直売所の所在市内やその隣接市である場合が多く、直売所は地域の生産者の出荷先として活用されている。その一方で、直売所Fについては出荷者は広く県北部一帯に所在している。

　直売所への出荷者における、直売所設置以前の出荷先については以下のとおりである。直売所A、C及びEには市場への個人出荷から変更してきたものが多く、その理由としては零細な生産者にはロットや選別が求められる市場出荷よりも、少量でも販売可能な直売所の方が販売上有利となることにある。また、直売所A、B及びDの出荷者には、以前は個人やグループで野菜の庭先直売を行っていたものも多い。

　また、直売所D及びGの出荷者については、直売所設置以前は自給農家であったものも多く含まれている。出荷者にかつての自給農家が多くなった理由としては、直売所Dについては直売所の設置時に職員が自給農家に出荷を要請したことにあり、また、直売所Gでは経営を移譲することで一度は販売からリタイヤした前経営者が、小規模ながらも出荷を再開するため出荷先

第6章　東葛飾地域の農産物直売所における青果物等の販売

直売所へと変更したことがあげられる。これらのことから、継続的な出荷やロットが要求されない直売所では高齢化した生産者や零細な自給農家でも出荷が可能であり、このため直売所が設置されることによって高齢者の生産継続や自給農家の販売参入がもたらされ、地域農業の活性化につながったことを意味している。

　なお、直売所に出荷するようになって以降も他の販売方法を併用する出荷者は多いが、このような場合、出荷量が比較的多い品目については市場に出荷し、一方、作付面積が大きくても出荷量の少ない時期や生産量そのものが少ない品目については直売所に持ち込むなど、生産者によって様々な対応が行われていると考えられる。

　直売所における販売手数料率については、直売所DやGのように品目に関わらず同率としている直売所がある一方で、多くの直売所においては品目や出荷者の会員資格によって手数料率が変えられている。

　出荷品の選別・調製の方法については基準はないか、基準が作成されていたとしても実質的には生産者に一任されている。このため、出荷者は厳密な規格に合わせて選別・調製を行う必要がなく、高齢者でも取り組み易くなっている。出荷ロットについても直売所B以外では要求されておらず、極言すれば1束のみでも出荷は可能である。このことは、出荷数量の少ない小規模な生産者でも出荷可能であることを意味している。

　直売所における価格の設定方法については、直売所D、E及びGは生産者一任、直売所Bは原則的な販売価格を設定、直売所Aは上限と下限を設定、直売所C及びFは下限のみを設定というように、直売所によって対応に差が生じている。そして、このように価格の基準を定める理由としては、直売所B、C及びFについては価格競争を回避することがあげられ、一方、直売所Aについては出荷者に任せれば価格が高く設定されてしまう可能性があることが指摘されている。

　最後に、多くの直売所においては買付集荷も併用されているが、その対象は委託では集荷できないが品揃え上不可欠なものに限られる傾向がある。

第4節　青果物等の販売実態

（1）直売所A

本節では調査対象となった農産物直売所における販売実態について、**表6-6**に基づいて検討したい。

直売所Aには平均すると約1,500人/日の購入者[23]が存在しているが、その居住地[24]は柏市内が約70%を占めており、それ以外については市川市や松戸市等の近隣市となっている。しかし、顧客の居住地は経年的に外延化しつつある。そして、購入者の属性は一般の消費者であり、ほぼ全てがリピーターとして1～2回/週の頻度で来店している。また、平均客単価は約1,700円/人である。

なお、直売所Aが設置された2004年以降、同直売所の周辺地域で複数の大規模ショッピングモールが開業したが、最初のショッピングモールの開業時こそ一時的に販売額は低下したものの、それ以降は新たに開場したとしても直売所の販売に影響は生じなかった。このことから、量販店と直売所とでは顧客の属性が異なっていると考えられる。

（2）直売所B

直売所Bの購入者は、同直売所が道の駅にあるということもあって比較的広域に所在しており、柏市内の約44%だけでなく、柏市以外の東葛飾地域の42%や県外も約11%も含まれている。なお、週末に関しては県外からの来店者数や来店割合が高くなる傾向にある。同直売所では約1,300/日の顧客が購入しているが、その属性は一般消費者であり、約80%はリピーターによって占められている。ちなみに、購入頻度[25]は1回/週が42%、2～3回/週が31%、2～3回/週が19%となっている。

第6章　東葛飾地域の農産物直売所における青果物等の販売

表6-6　調査対象直売所の購入者の概要

	購入者数	購入者の居住地
直売所A	約1,500人/日	柏市内が70％以上 その他、市川市、松戸市等
直売所B	約1,300人/日	柏市内 44％ 東葛飾 42％ 千葉県内 3％ 県外 11％
直売所C	約290人/日	我孫子市内 約50％ 柏市内等 約50％
直売所D	約300人/日	周辺住民 （半径2km以内に70〜80％）
直売所E	200〜250人/日	松戸市内がほとんど 一部は流山市、葛飾区など
直売所F	120〜130人/日	船橋市内 70〜80％ 千葉県内 10〜20％ 東京都内 約10％
直売所G	約300人／日 （店全体では2,000人／日）	周辺の団地住民 （ほとんどが半径1km以内）

資料：ヒアリング（08年）による。

（3）直売所C

　直売所Cの購入者は女性が約90％を占めており、いわゆる家庭の主婦層となっている。購入者数は約290人/日であり、その年齢構成は50〜60歳代が約70％と多く、次いで30〜40歳代の約20％となっている。購入者の居住地については全体の約50％が我孫子市内であり、残りの約50％についても隣接する柏市内と考えられている。来店頻度は2〜3回/週が約50％、残りの約50％については1回/週程度とされている。

　なお、直売所Cは直売所AやBに近いことから顧客が容易に集まらず、調査時の販売金額は直売所設置前に想定していた金額を大きく下回っているという状況にある。このため、立て替えを前提に仮店舗として設置された現在の店舗は、立て替えの目途がつかない状態が続いている。

（4）直売所D

　直売所Dの購入者は併設の量販店と共通しており、大部分が一般の消費者

となっている。購入者の居住地についてはほとんどが店舗周辺の住民となっており、店舗を中心に半径2kmの円内に70～80％が含まれているとされている。このため、来店方法についても自動車より自転車が多くなっている。購入者数は約300人／日であり、ほぼ全てがリピーターとして2～3回／週の頻度で購入している。

なお、直売所Dの購入者の多くは併設の量販店でも購入しており、このため直売所単体では赤字となっているものの、量販店からは直売所の集客効果が高く評価されている。

（5）直売所E

直売所Eの購入者数は200～250人／日となっているが、週2回、それも半日のみの営業なので他の事例と単純に比較することは難しい。購入者の所在地は松戸市内が大部分を占めていると考えられるが、一部については流山市や江戸川を挟んだ西岸にあたる葛飾区からも来店している。来店方法については、同直売所には駐車場が少ないので自転車や徒歩による割合が高くなっている。同直売所の購入者は地域の一般的な消費者が多くなっているが、その1～2割については無農薬で栽培された野菜を求める顧客であり、このような顧客については松戸市外の割合も高く、比較的遠距離から購入に訪れる傾向がある。

（6）直売所F

直売所Fの購入者数は平均すれば120～130人／日程度であり、その属性は一般の消費者の占める割合が高くなっているが、一部については生協産直の利用者も含まれている。購入者の居住地については船橋市内が70～80％を占めており、それ以外では船橋市を除く千葉県内の10～20％や東京都内の約10％等となっている。このうち、遠距離からの来店者については週末に多くなる傾向がある。同直売所の購入者についても大部分がリピーターによって占められており、購入頻度は店舗までのアクセスが良くないこともあって、

第6章　東葛飾地域の農産物直売所における青果物等の販売

1回/週程度が中心である。また、同様の理由から、同直売所への来店者の殆どは自動車によって訪れている。

（7）直売所G

直売所Gは団地内のスーパーに併設された直売コーナーというべきものであることから、来店者の殆どは量販店の顧客と共通である。このため、同直売所の購入者は一般の消費者であり、日常的に同直売所を購入先として利用している。同量販店の購入者は約2,000人/日であるが、このうち直売所を利用するものは約300名/日となっているように、量販店で購入したとしても直売所は利用しない顧客も多い。しかし、直売所の購入者に限れば直売品の方が鮮度が良いことを理解しており、このため同じ品目が量販店の店頭と直売所の双方にある場合、直売所の方から先に購入されていく傾向がある。なお、同直売所には駐車場がなく、このため来店方法は自転車か徒歩に限定されている。そのこともあって、購入者の居住地もほぼ団地内に限られるというように、商圏は限定的である。

なお、同直売所は単体で収益を上げているだけでなく、本体である量販店の集客に対しても貢献していることから、量販店全体の売上げ増に結びついている。

（8）本節の小活

以上、直売所における販売対応についてみてきたが、ここで小括すると以下のとおりとなる。

購入者数については、直売所Fの120人/日から直売所Aの1,500人/日というように10倍以上の格差が生じているが、これについては年間販売額にほぼ比例[26]している。購入者の居住地については正確には把握できないが、その殆どが直売所の所在市内か隣接市とされており、買い回り範囲は決して広くはない。これらのことから、調査対象となった直売所は遠距離の消費者の週末まとめ買い先として利用されるよりも、その鮮度の良さを評価する周辺

住民から、日常的な買い回り先として利用されている可能性が高い。そしてこのことは、直売所A及びBの平均客単価が1,500〜1,800円/人と決して高くないことからも裏付けられる。また、直売所の出荷者が直売所所在市かその隣接市の生産者であったことを踏まえれば、東葛飾地域の直売所は地産地消の重要な担い手になっているということができる。

そして、直売所がこのように利用されている背景には、東葛飾地域の都市化によって生じた膨大な消費需要の存在があげられ、同地域が都市と園芸生産地域とを兼ね備えた条件にあることが、直売所の活性化に結びついていると考えられる。

第5節　小括

以上、本章においては千葉県東葛飾地域における農産物直売所について検討を行ったが、最後にその検討結果について取りまとめると、概略は以下のとおりとなる。

東葛飾地域内には多数の農産物直売所が設置されているが、これら直売所の出荷者の大部分は直売所所在市内の生産者であり、直売所は地域の生産者に出荷先として利用されている。直売所に出荷するにあたっては、ロットが小さく、恒常的に出荷されず、厳密に選別されていないものであったとしても受入可能である。さらには、認知度や外見等の問題から市場出荷に適さない品目・品種であったとしても出荷可能であることが、直売所が広く利用される一因となっている。また、このように出荷にあたっての制約が比較的緩やかであることから、直売所が地域に設置されることによって、個人出荷や共販には対応できない高齢・零細な生産者等であったとしても出荷が可能となるだけでなく、自給農家の販売参入や一度はリタイヤした生産者の販売継続がもたらされており、地域農業の活性化に貢献している。

直売所の販売面に関しては、購入者の殆どが店舗所在地周辺の居住者によって占められている場合が多く、その多くは直売所を日常的な買い回り先

第6章　東葛飾地域の農産物直売所における青果物等の販売

として利用している。このように、直売所は地域内で生産された青果物等を地域内の需要に供していることから、地産地消の重要な担い手となっている。そして、東葛飾地域の直売所が活性化している背景には、同地域が園芸生産地域であるとともに、地域内に膨大な消費需要が存在している点をあげることができる。

　最後に、東葛飾地域においては生産者による市場への個人出荷、農協や出荷組合による共販、生産者による庭先直売等、多様な方法によって青果物の出荷が行われており、それぞれ機能を補完し、棲み分けながら展開されるという特徴がある。そして、このようななかにおいて、農産物直売所においても他の出荷方法にはない機能があり、地域農業活性化の一翼を担っているということができる。

注
1）筆者の推計によれば、2006年の東葛飾地域における系統経由率は17.7％であった。
2）『平成17～18年千葉県農林水産統計年報』によれば、2005年における千葉県の主業農家割合が21.6％であるのに対し、東葛飾地域では29.0％を占めていた。
3）2007年6～9月に、東葛飾地域の9農協を対象に実施したヒアリングの結果による。
4）生産者の高齢化による生産規模やロットの縮小については、本書の第2章及び第5章を参照されたい。
5）ここでいう個人出荷は実質的という意味での個人出荷であり、このため個人出荷のなかには農協や出荷組合の名義で行われる出荷についても含まれている。
6）出荷者からみた個人出荷や共販の評価については、本書の第5章を参照されたい。
7）東葛飾地域におけるなしの庭先直売については、本書の第7章を参照されたい。
8）櫻井［2］のpp.34～36において、直売組織の運営と生産者の出荷行動の特徴について整理されている。
9）櫻井［1］のp.24において、直売所は高齢者や女性でも出荷し易い点が指摘されている。
10）［3］のp.564、及び［4］のpp.24～25による。
11）これら直売所のいくつかは生産者から青果物を買い取って販売していたこと

から、本章において検討した委託集荷を中心とする直売所とは性格が異なるものである。そして、買取制であったことから出荷者は売れ残っても出荷品を引き取る必要が無く、このため持ち込まれる青果物の品質は決して高くはなかったとされている。

12) 直売所Aの設立にあたっては、アグリビジネス投資育成㈱と地元農協が資金的に支援している。
13) 直売所Bの面積当たりの年間販売額は697万円/坪であり、調査事例中では最も高くなっている。なお、このことは同直売所の販売効率の良さを示すとともに、施設規模が狭小であることも意味している。
14) このため直売所Cの敷地は市有地であり、財団法人は市から土地を借りることによって直売所を運営している。
15) 直売所Cは、販売不振もあって、2010年2月時点においても仮店舗のまま営業を続けている。
16) ㈶都市農山漁村交流活性化機構の調査によれば、2006年において全国に1,499の有人農産物直売所が設置されているとされ、その規模は5千万円未満が全体の54%を占めている。
17) 本書執筆時点において2007年の東葛飾地域の農業産出額が分からなかったことから、2006年の産出額456億1,000万円(『千葉県生産農業所得統計(昭和55年～平成19年)累年』)によって算出した。
18) 直売所Aは柏市内の生産者と市外とでは会費に差を設けているが、このことが柏市内の会員が多くなった背景にあると考えられる。
19) 2010年2月に柏市場の卸売業者に対して行ったヒアリングによれば、同市場には本章で検討した直売所A、B及びCが調達にきており、これらについては卸売業者が仲卸業者を介さずに直接販売している。店舗までの輸送については、卸売業者が自社のトラックによって行っている。
20) 柏市内の旧沼南町域や我孫子市においては、関東大震災直後から生産者による東京都内等への移動販売が広く行われており、現在においても数は少なくなったものの、自動車等を使用した移動販売が行われている。
21) 調査時において、我孫子市内でインショップによって地場野菜を販売する量販店は4店舗あり、このうち2社が買取制であるが、2社については農産物直売所と同じく委託制となっている。なお、委託制の場合の手数料は20%と25%となっているように、本章で検討した直売所より高く設定されている。
22) 調査時において松戸市を管内とする農協は2組合存在していたが、直売所Eの出荷者は全て店舗を所有している農協の組合員である。
23) 直売所の購入者数は原則としてレジ通過者数であり、実際の来店者数についてはこれを上回っている。
24) 直売所の来店者の居住地は正確には分からないが、直売所A及びBについては

第 6 章　東葛飾地域の農産物直売所における青果物等の販売

　　　購入者を対象とするアンケートを行うことによって、購入者の居住地域をある程度正確に把握している。
25) 直売所Bが購入者を対象に行ったアンケートによる。
26) 直売所G及びEについては比例しているとは言い難いが、その理由としては、Gは量販店の店舗に併設された直売コーナーであるため客単価が低く、Eについては週2日と限定された営業であることによると考えられる。

引用文献
[1] 櫻井清一「農産物直売所を核とした地産地消の展開と地域農業振興」『農業市場研究』第15巻第2号、2006年12月、pp.21～29。
[2] 櫻井清一『農産物産地をめぐる関係性マーケティング分析』農林統計協会、2008年。
[3]『平成20年版農業協同組合名鑑』全国農業新聞、2008年。
[4]『ちば　直売所ガイドブック』千葉県農林水産部、2008年。

第7章

東葛飾地域における果実の庭先直売

第1節 本章の課題

　千葉県東葛飾地域は、東京という一大消費地に後背するという立地条件を活かして大都市近郊園芸生産地域として発展してきた。このうち、市川市においては明治期というように早い段階からなしの産地が形成[1]されており、その後、生産地域は船橋市や鎌ヶ谷市、松戸市、柏市等へと外延的に拡大している。

　そして、このようになしが産地化する一方で、東葛飾地域は東京都と千葉地域の中間にあることからベッドタウンとしての性格も強く、このため第1章でみたように同地域の人口は経年的に増加し、現在では県内においても都市化が進展した地域となっている。なかでも、総武線が東西に通じている市川市や船橋市においては都市化の進展がより激しいことから、過去において都市化との相克のなかで青果物の生産が展開されてきた[2]という経緯が存在しており、現在においても産地の維持には多くの課題が存在している。このため、表7-1に示すように同地域の野菜産出額は縮小傾向で推移しているが、その一方で、なしを主とする果実については比較的堅調であるという傾向の相違がみられる。また、前掲表1-7においても1970年以降は他の作目が作付面積を大幅に減少させていくなかにおいて、果樹園のみ増加傾向で推移しているという特徴があった。

　また、同地域の果実の販売方法については、生産者自身による庭先直売の割合が高いという特徴がある。そして、果実の生産が比較的堅調に推移して

表7-1 東葛飾地域の青果物産出額指数

単位：実数

	1995年	2000年	2005年	2006年
野菜	100	90	85	74
果実	100	142	127	115

資料：各年次千葉県生産農業所得統計。
注：1）野菜にはいも類を含む。
　　2）指数は1995年を基準年とする。

いる要因の一つとして、特に市場相場の低迷傾向がいわれる近年においては、本章で検討する庭先直売という販売方法によるところが大きいと考えられる。

ところで、同地域のように特定の範囲内に直売店舗が集中的に設置された地域というのは全国的にも類例が少なく、本事例から得られた知見を他の都市近郊の果実生産地域に対して一般化することは難しいと考えられる。しかし、同地域の青果物流通の全体像を俯瞰するためには生産者による果実の庭先直売を等閑視することはできないことから、本章では果実の庭先直売を都市近郊園芸生産地域における青果物流通の一つの特殊形態と位置付けて、検討していくことにしたい。したがって、本章においては2008年6月になしの庭先直売を行う生産者に対して実施したヒアリングに基づいて、東葛飾地域における生産者自身によるなしの庭先直売の実態について把握するとともに、このような販売方法によって安定的な販売が可能となった要因を明らかにすることを課題とする。

最後になるが、本章における「庭先直売」の定義については、直売店舗における対面販売に加えて、生産者自身が行う通信販売を含めた販売方法としたい。また、使用する用語については、第6章で検討した農産物直売所との混用を避けるため、生産者が個人で設置した庭先直売のための店舗については「直売店舗」と表記するが、文脈によっては単に「店舗」とした箇所も多い。また、本章の表題は「果実」となっているが、東葛飾地域で生産されている果実の殆どはなしであることから、以下においては対象をなしに限定して分析を行いたい。このため表記方法についても主として「なし」を用いるが、文脈等によっては「果実」も使用している。

第7章　東葛飾地域における果実の庭先直売

第2節　果実生産の展開過程と流通上の特徴

(1) 生産の展開過程

　ここでは視点を変えて、東葛飾地域におけるなし生産の展開過程[3]について確認すると、概略は以下のとおりである。

　同地域におけるなし生産は、現在は市川市の中心地域となっている八幡地区において、天明年間に開始されている。その後、「市川梨」の通称で生産が拡大され、明治中期には八幡地区や新田地区に産地が形成されていた。

　しかし、関東大震災後は都内等から市川市内への移住者が増え、総武線沿いにある八幡地区等は都市化が進んだことから、市内の果樹産地は八幡地区から北寄りの下貝塚地区、さらには現在の中心的な生産地域である大町地区等へと移動していくことになる。また、一部については市川市の市域を越えて、周辺自治体にまで拡大している。

　戦後になればなしの生産は市川市だけでなく、隣接する船橋市や鎌ヶ谷市、さらには松戸市や柏市などへも拡大し、東葛飾地域は県内最大の果樹生産地域に成長している。しかし、その一方で市川市の中心部であった八幡地区や新田地区においてはなし生産が途絶えるとともに、大町地区等においても都市化が進むなど、なしの生産を取り巻く環境は厳しさを増しつつ現在に至っている。

　以上みてきたように、市川市を中心とする東葛飾地域のなし生産は、常に都市化との相克のなかで展開されてきたということができる。また、同地域内においても都市化の進展には濃淡があるものの、総じていえば、同地域のなし産地は比較的早い段階に当時の都市近郊地域において形成されたものが、その後、スプロール的に拡張する都市のなかに半ば取り込まれた形で現在まで継続してきたものということができる。

（2）流通上の特徴

　東葛飾地域におけるなしの流通上の特徴としては、一般的な卸売市場等への出荷ではなく、生産者による消費者への対面販売や通信販売の割合が高いという点があげられる[4]。同地域において、行政機関が把握している生産者によって設置された果実の直売店舗は268[5]あり、このうち市川市は119、船橋市は90を占めている。その立地については、「直売街道」と通称される市川市内の国道464号線に加えて、船橋市内の県道288号線や県道59号線などに沿って存在しているように、なしの生産地域を通る主要道路に沿って稠密に設置される傾向がある。それ以外では、鎌ヶ谷市に28、柏市にも31の店舗があるように、同地域のなし産地とされる地域にはいずれも直売店舗が展開されている。このように、同地域には生産者による果樹の直売店舗が集中的に展開されるという特徴が存在している。

　なお、特定の地域に集中的に直売店舗が設置されている理由としては、生産者が庭先直売を開始する以前の段階において、すでに特定の地域に集中してなしの生産が行われていたことに加えて、その後、各生産者が個別に自宅や作業スペース等の敷地内に店舗を設置したことによるものである。

第3節　調査対象生産者の概要とこれまでの経緯

（1）調査対象生産者の概要

　本章の調査対象となったなし生産者の生産・販売の概要については、**表7-2**のとおりである。また、その所在地については**図7-1**を参照されたい。

　生産者Aの所在地は柏市でも旧沼南町に属する高柳にあり、周辺には水田等も多く、都市化の程度は比較的緩やかである。なしの品種については幸水の割合が高くなっているが、それ以外にも5品種が生産されている。農作業は家族3人で行っているが、受粉と摘果作業については3人のパートタイム労働者を雇用している。同氏の販売方法は対面販売が多いという特徴があり、

第7章　東葛飾地域における果実の庭先直売

表7-2　調査対象生産者におけるなしの生産・販売の概要（2007年）

単位：人、a、千円、%

所在地	経営者の年齢	後継者の有無	農業従事者数			品種	作付面積	販売額		販売方法割合（金額）				備考
			合計	家族	雇用			概数	割合	合計	市場	対面	通販	
生産者A 柏市高柳	60歳代	有	6	3	3	合計	150	10,000	100	100	26	74	0	その他は、かおり、あきつき、長十郎。わずかだが通販も行う。農地の一部は生産緑地。
						幸水	50	5,000	50	100	15	85	0	
						豊水	50	3,000	30	100	25	75	0	
						新高	30	1,500	15	100	55	45	0	
						その他	20	500	5	100	60	40	0	
生産者B 鎌ヶ谷市中沢	68歳	有	12	2	10	合計	170	17,000	100	100	9	27	64	販売額は推計。後継者は高2の孫。
						幸水	80	7,900	46	100	0	30	70	
						豊水	60	6,200	36	100	25	22	53	
						新高	10	900	5	100	0	30	70	
						かおり	20	2,000	12	100	0	30	70	
生産者C 市川市大町	43歳	無	18	3	15	合計	230	12,000	100	100	33	52	15	経営者に男児なし。農地は農業振興地域。
						幸水	70	4,800	40	100	30	56	14	
						豊水	80	3,600	30	100	35	49	16	
						新高	80	3,600	30	100	35	49	16	
生産者D 市川市大野町	40歳代	未定	4	3	1	合計	170	9,500	100	100	8	62	30	経営者に男子はいるが就農は未定。1998年に相続のため40aを売却。農地の一部は生産緑地。
						幸水	80	5,000	53	100	2	68	30	
						豊水	30	2,000	21	100	2	68	30	
						新高	50	2,000	21	100	30	40	30	
						かおり	5	250	3	100	2	68	30	
						あきつき	5	250	3	100	2	68	30	
生産者E 船橋市三咲	60歳代	有	13	3	10	合計	285	18,000	100	100	-	60	40	観光農園も行う。
						幸水	180	11,400	63					
						豊水	60	3,800	21					
						新高	15	950	5					
						新興	15	950	5					
						あきつき	10	600	3					
						かおり	5	300	2					

資料：ヒアリング（2008年）による。
注：販売額は推計を含む。

図7-1 調査対象直売店舗の所在地

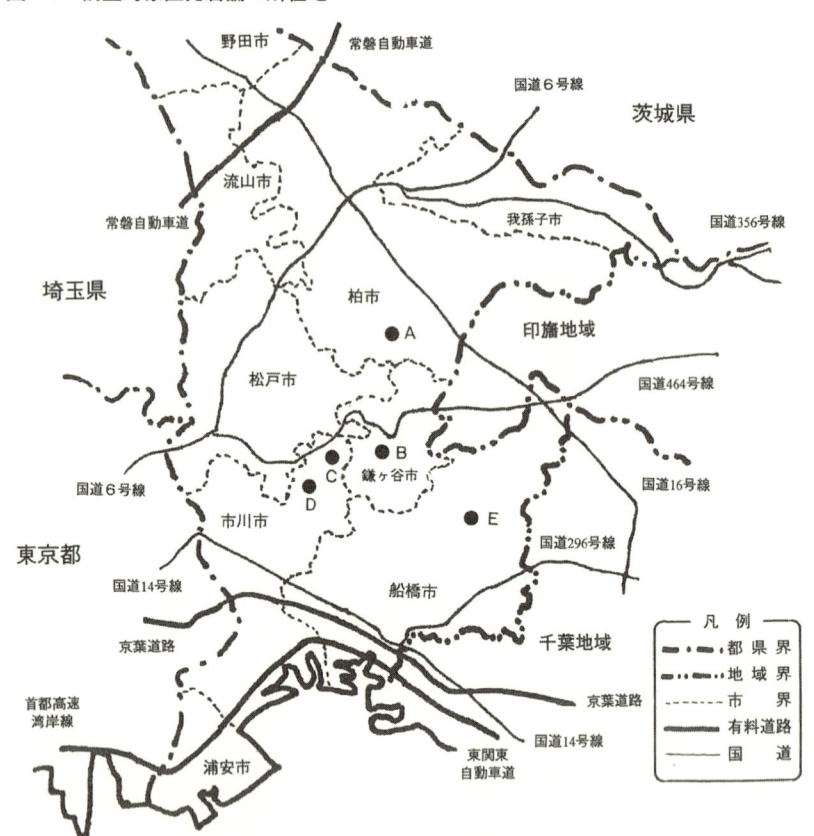

全体の70%以上を占めている。同氏には30歳代の男子があり、いずれは経営を引き継ぐことが予定されている。

　生産者Bについては鎌ヶ谷市中沢にあり、生産者CやDとは直線距離では近いものの、自宅周囲は住宅も少なく、比較的都市化の緩やかな環境に立地している。同氏のなしの年間販売額は約1,700万円であり、幸水を中心に5品種が生産されている。なしの生産に関する作業は2人の家族労働力で行っているが、受粉と摘果については延べ10人のパートタイム労働者も作業を担っている。同氏の販売の特徴としては、通信販売の割合が高いことにある。後継者については同氏に男子はないものの、調査時現在において高校生の孫

第7章 東葛飾地域における果実の庭先直売

が農業の継承を希望している。

生産者Cが所在する大町地区は市川市内でもなしの生産に特化した地域であり、また、同地区の果樹園は農業振興地域の指定を受けている。同氏の生産品目は、幸水、豊水及び新高の3品種であり、農作業は主として家族3人で行われているが、受粉時のみ延べ15人のパートタイム労働者を雇用している。同氏の年間販売額は約1,200万円であり、販売方法は対面販売が半分強を占めている。同氏には現在のところ男子がなく、将来、農業を誰が継承するかは不透明である。なお、同氏が居住する大町地区は、東葛飾地域内において最も早い段階から庭先直売が開始された地域とされている。

生産者Dは大町地区の東部に隣接する大野町に所在しており、生産者Cの大町地区と同じく比較的なし生産が盛んな地区となっている。農作業は3人の家族労働力で担っているが、受粉時と幸水の収穫期には1人のパートタイム労働者も作業を行っている。同氏は幸水を中心に5品種のなしを生産しており、年間販売額は約950万円である。販売方法については対面販売が60％強を占めており、次いで通信販売の約30％となっている。同氏には男子がいるものの、将来的に農業を継ぐかどうかは未定である。

生産者Eの所在地は船橋市三咲であり、3人の家族労働力と受粉・摘果時には10人のパートタイム労働者によって、幸水を中心とする6品種のなしが生産されている。年間販売額は約1,800万円である。後述するように同氏はかつて観光農園を経営していたが、現在では対面販売が約60％、通信販売が約40％となっており、観光農園による収入は1％に満たない水準である。同氏の30歳代の長男は調査時においてすでに就農しており、将来は経営を継承する予定である。

以上が調査対象となった生産者の概要であるが、これらの経営者の年齢は40～60歳代であり、いずれも同地域の中核的ななし生産者ということができる。このうち、比較的高齢の生産者A、B及びEにおいては後継者が確保されている。しかし、生産者Cを除けば所有する果樹園は農業振興地域の指定を受けておらず、後継者が確保されていても固定資産税や相続税の問題等、

今後、地域で農業を継続していくうえでの課題は多い。

調査対象生産者におけるなしの生産については、その作付面積は150～230aとなっており、いずれも幸水を中心としながら豊水や新高等の品種を組み合わせた生産を行っている。なしの販売金額は950～1,800万円となっているが、ここから生産経費や雇用労賃が差し引かれることから、実際の農業所得は決して高いとはいえない状況にある。

なしの販売方法については、市場出荷、直売店舗における地方発送を含む対面販売、通信販売の3つに大別され、このうち生産者A、C、D及びEについては対面販売を主としており、生産者Bについては通信販売のウェイトが高くなっている。これらのことから、いずれの調査対象においても中心的な販売方法は市場出荷ではなく、庭先直売ということができる。

(2) 生産・販売に関するこれまでの経緯

調査対象生産者が現在の生産・販売方法に至るまでの経緯についてまとめると、**表7-3**のとおりとなる。

生産者Aについては、戦前である1930年代の段階において、同氏の先々代がなしの生産を開始している。しかし、同氏の庭先直売の開始時期は調査対象のなかでは最も後発であり、1989年のことである。また、同氏は今に至るまで専用の直売店舗を保有しておらず、1989年に設置した作業施設を店舗の代わりとして用いている。なお、庭先直売を開始した1989年当時においては、生産したなしの一部を周辺住民に販売する程度であり、その殆どはだいこん等の野菜とともに卸売市場に個人出荷していた。その後、顧客相互の情報交換による「口コミ」によって経年的に直売の販売額が増大し、1998年頃には市場出荷額を上回るまでになっている。

生産者Bについても同氏の先代によって、1935年からなしの生産が開始されている。販売については、当時、現在の船橋市中央卸売市場の前身となった青果物卸売問屋が巡回集荷に来ていたことから、長年にわたって同問屋やその後の船橋市場に個人出荷を行っていた。そして、庭先直売の開始時期は

第 7 章　東葛飾地域における果実の庭先直売

表 7-3　なしの生産・販売の展開過程

	なし生産の開始時期	従来の販売先	庭先直売開始時期	庭先直売開始の理由	直売店舗の設置時期	販売方法の逆転時期	備考
生産者A	1930年代	卸売市場	1989年頃	周辺住民の求めにより販売	(1989年)	1998年頃	作業施設を直売所として使用。
生産者B	1935年	卸売市場	1984年	周辺農家の影響による	1984年	…	
生産者C	1920年代	卸売市場	1965年頃	選果所で、周辺住民に販売	1969年	…	地域でも最初期に庭先直売を開始。
生産者D	1940年代	卸売市場	…	相当以前から知人等に販売	1983年	1993年頃	
生産者E	1963年	観光農園	1970年	直売所設置を機に開始	1970年	1983年頃	店舗は1993年に建て替え。

資料：ヒアリング（2008年）による。
注：…は事実不詳を意味する。

調査対象のなかでも比較的後発であり、1984年に直売店舗を設置したのが契機となって開始されている。直売を開始した当初においては市場出荷が大半を占めていたが、顧客相互の情報交換による顧客数の増加やなしを送られた人が新たな顧客になるなどの過程を繰り返すことによって、通信販売を中心とする直売の販売額を増加させながら現在に至っている。

　生産者Cの先々代がなしの生産を開始したのは調査対象中において最も古く、戦前段階である1920年代とされている。販売については、生産開始当初から1969年までは出荷組合を通じて市場に出荷していた。しかし、同氏の自宅と選果施設が国道464号線沿いにあったことから、1965年頃から選果施設の一部で近隣住民や通行者になしを販売したのを契機として庭先直売が開始されている。このことから、同氏の居住地区がなし生産者と非農家とが混住する地域であったことに加えて、通行量の比較的多い道路沿いに選果施設があったことが、庭先直売が開始された要因の一つになったと考えられる。なお、同氏の直売開始時期は、東葛飾地域で最も早い段階から庭先直売の展開がみられたとされる大町地区においても、最初期に属するものである。その後、顧客から求められるままに庭先直売を行ったところ次第に販売額が拡大し、このため1969年には選果施設を改造することによって現在の直売店舗が

165

設置されている。その一方で、同氏周辺のなし生産者も先行者が行っている庭先直売に影響を受けて実施するようになり、結果的に大町地区は現在みられるような直売店舗が集中する地区へと変容を遂げる結果となっている。

　生産者Dのなし生産は、同氏の先々代によって戦後程ない1940年代後半に開始されており、その後、段階的に作付面積が拡大されている。同氏については相当以前から周辺住民や知人になしを直接販売していたことから、庭先直売の正確な開始時期は明らかではない。しかし、その後、経年的に直売の販売額が増えたこともあって、1983年には直売店舗を設置している。それ以降も顧客相互の「口コミ」によって顧客数や販売額が増大し、1993年頃には直売の販売額が市場出荷額を上回るまでになっている。そして、現経営者である同氏は1998年に就農しているが、その時点ではすでに現在の販売構成になっていた。なお、就農にあたっては先代から農地を相続しているが、その折りに相続税を納めるため40ａの農地が売却されている。

　最後の生産者Eにおけるなし生産は、調査事例中最も新しく、1963年に先代の経営者によって開始されている。なお、それ以前は主として野菜を生産していたが、付近に高い所得をあげるなし生産者が存在したことの影響もあって、生産品目がなしへと転換されている。なしの販売にあたっては、販売初年度は卸売市場に出荷しているが、幼木で生産されたものであったことから市場で評価されなかった。このことに加えて、観光客誘致を望む船橋市の意向もあって、2年目以降は観光農園へと経営方法を転換している。その一方で、開園当所から直売に関する周辺住民の要望があったこともあり、1970年には直売店舗を設置することによって庭先直売が開始されている。その後、顧客間の「口コミ」によって顧客数が増加するとともに、後述するような理由から庭先直売に経営のウェイトが移されたこともあって、直売額は経年的に増加し、1983年頃には観光農園の収入を上回るようになっている。そして、1993年頃には手狭になった直売店舗を立て替えて現在に至っている。

　ここで、生産者Eが観光農園から直売へと経営方針を転換した一因についてみれば、なしの品種更新をあげることができる。つまり、開園当所の主力

品種であった長十郎は丈夫な品種で手間もかからず、そのうえ収量も高かった。しかし、現在の品種である幸水は繊細で痛みやすく、このため取り残し等によって生じる廃棄量が多く観光農園向きでないことが、庭先直売に経営努力を傾けた理由の一つになっている。

　以上、調査対象における庭先直売の経緯についてみてきたが、それについてまとめると以下のとおりとなる。調査対象がなしの生産を開始した時期は1920年代から1963年と幅があるものの、いずれも同地域における都市化の進展が比較的緩やかであった時期に開始されている。庭先直売を行う以前の販売先については、生産者A、B、C及びDは卸売市場となっているが、Eについては観光農園として開園されている。調査対象がなしの庭先直売を開始した時期は、1965年から1989年というように20年以上の幅が存在している。このうち、最も早く直売を開始した生産者Cは国道464号線沿いにあったことが理由として大きく、また、それ以外については周辺住民の求めや周囲の生産者からの影響が直売開始の理由となっている。庭先直売開始以降はいずれの調査対象も経年的にその割合を増加させており、時期が分かるものについては1983年から1998年頃に販売金額の逆転がみられている。そして、このような庭先直売の拡大は、ある程度意図的な生産者Eを除けば、本人が望んだというよりも購入を希望する顧客に販売しているうちに、結果的に拡大してきたものということができる。

第4節　果実の庭先直売の実態

（1）店舗の概要

　直売店舗は、生産者Dを除けば直売開始と同時もしくは開始数年後に設置されているが、その概要についてまとめたものが**表7-4**である。

　生産者Aからみていくと、同氏の店舗は東武野田線の高柳駅から徒歩15分程度の距離にあるが、集落内を通る片側1車線の道路に面していることもあって、基本的に同集落の居住者やそこに目的がある人でない限り訪れるこ

表7-4　直売店舗の概要（2007年）

単位：坪、人

	立地環境	店舗面積	販売従事者数			営業期間	備考
			合計	家族	雇用		
生産者A	集落内道路に隣接	10	3	3	-	年により異なる	作業施設を店舗として使用。
生産者B	一般道路に隣接	40	6	2	4	8/中～10/中	
生産者C	国道464号に隣接	30	5	3	2	8/上～10/中	
生産者D	県道9号に隣接	30	3	3	-	8/上～10/中	
生産者E	一般道路に隣接	36	13	3	10	8/5～10/20	

資料：ヒアリング（08年）による。

とはない。このため、店舗へのアクセスという意味では調査事例中最も条件が悪くなっている。また、先述のように同氏は専用の直売店舗を設けておらず、選果や各種作業のために設置した作業施設の一角を店舗として利用している。同作業施設は家の敷地内にあり、外部からの視認性が低いことに加えて、作業施設自体も約10坪と狭い。収穫期間中は、同施設において3人の家族労働力が来店者への対応や発送作業を行っている。なお、店舗はなしの出荷時期のみ営業を行っており、このような営業形態は他の調査事例についても同様である。

　生産者Bの店舗は一般道に面しており、市川市霊園からも近いという環境にあるが、その交通量は他の調査対象と比較して決して多いとはいえない。また、周辺に非農家の住宅は少なく、最寄駅である新京成電鉄の北初富駅や東武野田線鎌ヶ谷駅から徒歩で20分以上かかることもあって、来店者のアクセスは悪い。同氏の店舗は約40坪と比較的広くなっているが、これは選果施設を兼ねていることによる。店舗の運営は、2人の家族労働力と4人のパートタイム労働者によって担われている。

　生産者Cの店舗は「直売街道」と称される国道464号線沿いにあり、比較的交通の便の良い環境にあるうえに、近くには八柱霊園や市川市霊園があることから、幸水の出荷期である8月中旬には外部からの多くの人が流入する環境にある。最寄駅は新京成電鉄の松飛台駅であり、直売店舗は同駅から徒歩10分程度の場所にある。店舗面積は約30坪であり、選果施設を兼ねた形態

第7章　東葛飾地域における果実の庭先直売

となっている。収穫期間中は3人の家族労働者に加えて、最大2人のパートタイム労働者を雇用している。

　生産者Dの店舗は県道9号線に隣接して設置されており、またJR武蔵野線の市川大野駅まで徒歩数分の距離にある。このため国道464号線ほどではないが、同氏の店舗は自動車や人の行き来が比較的多い場所に立地している。店舗面積は約30坪であり、3人の家族労働力によって運営されている。

　生産者Eの店舗は一般道に面しているが、これは船橋市の南北の同線の一つとなる道路である。また、新京成電鉄の三咲駅と滝不動駅にも近く、外部からのアクセスは比較的良い。店舗面積は約36坪であり、道路からの視認性が高いという特徴がある。営業期間中は3人の家族労働力に加えて、延べ10人のパートタイム労働者によって運営されているが、後者については1日4時間程度の短時間労働であり、また常時にこれだけの人数が店頭にいるということではない。

　以上が調査対象となった生産者の直売店舗の概要である。このように、直売店舗の立地環境は交通に関してアクセスの良いものがある一方で、生産者Aのように外部からの来訪者の少ない立地環境にあるものも存在している。このことから、庭先直売を行ううえでの立地環境としては外部とのアクセスの良さが重要であることはいうまでもないが、かといってそれが必ずしも必要な条件ではないことが分かる。また、庭先販売を行うにあたっては店舗の設置という初期投資が必要となるだけでなく、開店期間中は雇用労賃が発生するなど、市場出荷にはない経費も必要となっている。

（2）庭先直売されるなしの選別規格、販売単位及び価格

　庭先直売されるなしの選別規格や販売される単位、及び主要品目の価格について取りまとめたものが**表7-5**である。これらについて個別に確認すると、以下のとおりとなる。

　生産者Aからみると、庭先直売されるなしの選別は農協の基準に合わせているが、1玉重量等についてはいくらか異なったものとなっている。また、

表7-5 庭先直売されるなしの選別規格、販売単位及び価格（2007年）

単位：千円、％

	選別規格	販売単位	販売価格（5kg入り段ボール）
生産者A	農協にほぼ等しいが、完熟品である	10kg：約47％ 5kg：約37％ 4kg：約16％	2,000〜2,800円/5kg (2,600円/5kgが中心)
生産者B	市場の規格に等しい	10kg：約10％ 5kg：約80％ 3kg：約10％	3,000円/5kg
生産者C	農協に等しいが、熟度は高くしている	10kg：約10％ 5kg：約80％ 3kg：約10％	3,000〜3,500円/5kg
生産者D	農協に準じるが、市場出荷品ほど厳密ではない	5kgが中心 10kg、3kgもあり	2,000〜4,000円/5kg (3,000〜3,200円/5kgが中心)
生産者E	市場の規格に等しい	5kg：約90％ 3kg：約10％	2,000〜4,000円/5kg (3,300円/5kgが中心)

資料：ヒアリング（2008年）による。

熟度についても一般の市場流通品と比較して高くなる傾向にある。販売時の単位と荷姿は、10kgまたは5kg入りのケース詰めと4kgのビニール袋入りの3種類が用いられている。なお、同氏の場合は他の調査事例と異なって、10kg入りケースの占める割合が約47％と高くなっているが、このような傾向の相違が生じた理由について明らかではない。生産者Aの販売価格は少なくとも2002年以降は変更されておらず、幸水を例にすると販売数量の多い2,600円/5kgを中心として、2,000円/5kgから2,800円/5kgの間で設定されている。同氏が価格を設定するにあたっては、直売開始当時の市場価格に準じるとともに、周辺の量販店の店頭小売価格より幾分低い水準とすることによって設定されている。しかし、価格設定後は市場相場が安値で推移していることから、調査時現在の直売価格は相対的に高くなっている。

生産者Bについては、なしの選別にあたっては市場で要求される基準に準じて行っている。販売単位と荷姿は、秀品に関しては10kgまたは5kgのケース詰め、優品と良品については3kgずつビニール袋に入れている。このうち最も販売量が多いのは5kgケースであり、全体の約80％を占めている。価格については1984年の庭先直売開始当時から変更されておらず、5kg入りケースについては3,000円/5kgである。価格設定に当たっては1984年当時の市場相場を参考にしているが、その後、市場の相場が大きく低迷したこと

から直売価格は相対的に高く維持される結果となっている。

　生産者Cが庭先直売によって販売するなしの選別は、地元の農協の選別基準に合わせているが、熟度については農協よりいくらか高くなっている。その理由としては、農協が扱うものは流通時間が長くなることから保存性が要求され、このため熟度の低い段階で収穫する必要があるが、庭先直売されるものについては収穫から消費されるまでの時間が短い点があげられている。販売時の単位と荷姿については、5kg入りのケースに詰められたものが約80％を占めており、それ以外は10kg入りケースや3kg入りのビニール袋となっている。生産者Cのなしの販売価格は、3,000円/5kgや3,500円/5kgのように「切り」が良く購入しやすい価格で設定されているが、これらについては長年にわたって据え置かれている。なお、3,500円/5kgのように価格帯が比較的高いものは贈答用として、一方、3,000円/5kgやビニール袋入りのものについては主として自家消費されている。

　生産者Dの選別基準は農協に合わせているものの、直売に関しては市場出荷ほどに外観は問われないことから、いくらか緩やかになっている。一方、熟度に関しては市場で一般に流通しているものより高く、このため糖度も高くなっている。販売単位と荷姿については、秀品については10kgまたは5kgでケースに詰めており、優品と良品についてはまとめて2kgずつビニール袋に入れて販売している。このうち、最も販売数量が大きいのは5kg入りのケースである。生産者Dの販売価格は先代の経営者が設定したものであり、少なくとも調査時の10年前である1998年頃から変更されていない。このため、価格設定の基準は正確には分からないものの、おそらく当時の同氏周辺における直売価格に準じて設定されたと考えられている。価格帯については2,000円/5kgから4,000円/5kgと幅があるものの、売れ筋は値頃感のある3,000円/5kgまたは3,200円/5kgとなっている。

　最後に、生産者Eが庭先直売するなしの選別基準は、市場で用いられているものと同じ基準である。販売単位と荷姿については5kgまたは3kgでケースに詰められたものとなっており、このうち5kg入りケースが約90％を占

めている。価格に関しては、かつては地区の生産者で協議することによって共通の価格が取り定められていたが、調査時現在では最低価格のみを定めている。しかし、最低価格で販売されることはなく、実際にはそれを上回る水準で各直売店舗の経営者が独自に設定した価格となっている。同氏の場合は2,000円/5kgから4,000円/5kgの間の価格帯で設定しており、このうち3,300円/5kgの販売量が多い。なお、価格は例年据え置かれており、変更は消費税率が変更されたときなどに限られている。

　以上、選別方法や荷姿、価格設定についてみてきたが、それについてまとめると以下のとおりとなる。選別方法については、地元の農協の規格や市場から要求される基準が準用されているが、熟度については保存性が求められないため糖度を高めたものが販売されている。なお、選別基準は農協が定めたものと市場から要求されるものとでは大きな相違はなく、その意味では地域でほぼ統一的な基準が用いられているということができる。販売単位と荷姿については、10kgまたは5kg入りのケースや3～4kgの袋入りとなっており、このうち5kg入りケースが中心的である。その理由としては、一般的な家庭において、「お裾分け」も含めて数日以内に消費できる数量として5kgが選ばれていると考えられる。価格については、2,000円/5kgから4,000円/5kgと等階級によって差が設けられているが、いわゆる「値頃感」が感じられる3,000円/5kg程度の価格帯の販売割合が高くなっている。そして、直売品の価格は長期間にわたって据え置かれており、例えば2007年の東京都中央卸売市場における千葉県産幸水の平均価格[6]が1,827.6円/5kgであることと比較すれば、庭先直売においては相対的に高く、なおかつ安定的な価格帯での販売が可能となっている。しかし、価格が固定的であるということは、生産資材が高騰する局面になれば生産者の収益性を引き下げる要因ともなりかねないということができる。

（3）対面販売の実態

　これ以降においては、調査対象生産者における対面販売と通信販売の実態

第7章　東葛飾地域における果実の庭先直売

表7-6　来店者の居住地（2007年）

	来店者の居住地
生産者A	柏市内：約50％ 東葛飾：約30％ その他：約20％
生産者B	鎌ヶ谷市内が多い
生産者C	東京都内：約40％ 千葉県内：約30％ その他：約30％
生産者D	市川市内：約70％ その他：約30％
生産者E	船橋市内：約80％ 千葉県内：約15％ その他：約5％

資料：ヒアリング（2008年）による。

について、それぞれ分けて検討することとしたい。まず、対面販売についてみると概略は以下のとおりである。なお、直売店舗への来店者の居住地については**表7-6**のとおりである。

生産者Aの店舗は外部からのアクセスは良くないものの、対面販売の占める割合が高いことはすでにみたとおりである。なぜこのような傾向が生じたかは説明できないが、他の調査事例と同様に、対面販売を含む庭先直売は顧客が自ずと増加するにしたがって販売額も拡大し、その増加分を市場出荷量の削減によって対応してきた結果、現状に至ったものということができる。直売店舗への来店者の居住地[7]については、店舗所在市である柏市内が約50％であり、次いで柏市を除く東葛飾地域が約30％、その他が約20％となっている。これら来店者の大部分はリピーターとして継続的に購入する顧客であり、その属性は周辺地域の住民やその知人、さらには既購入者からの「口コミ」等によって情報を得た一般の消費者となっている。そして、同氏の場合は店舗の立地環境上、いわゆる「フリ」の顧客は極めてまれである。また、来店者が自宅用に購入していくことも多いが、割合的には店頭から地方の知人等に発送する場合の方が多い。

生産者Bは前述のように通信販売の割合が高いという特徴があるが、対面販売に限定するならば、来店者の多くは鎌ヶ谷市内となっている。また、来

店者のほとんどは固定客であり、毎年のように同氏の店舗を訪れて購入している。

　生産者Cの直売店舗への来店者については、東京都内が約40％、千葉県内が約30％、茨城県や埼玉県などその他地域が約30％という構成である。来店者の殆どは一般の消費者であり、その多くは年に1回、同氏の直売店舗に来ることを楽しみにしている顧客によって占められている。また、このことから明らかなように、対面販売の顧客の殆どはリピーターとなっている。ただし、近くには規模の大きな霊園もあることから、盆の時期には通りがかりの来園者が購入していくことも多い。店舗への交通手段は自動車が約95％を占めており、他の5％は自転車で訪れる周辺住民となっている。

　生産者Dの直売店舗へは市川市内から来店するものが約70％を占めており、前述の生産者Cの店舗とは直線距離では近いものの、来店者の居住地域は大きく異なっている。このような違いが生じた要因は、同氏の店舗が面する県道9号線は、国道464号線と比較して県外からのアクセスが悪く、地元住民以外の通行量が少ないことによると考えられる。そして、市川市以外から来店する約30％についても、市川市内に墓所や親戚がいるなど何らかのつながりのある人である場合が多い。顧客は一般の消費者が多く、またその多くが毎年または繰り返し購入する固定客によって占められている。

　生産者Eの直売店舗への来店者は所在市内である船橋市が多く、約80％を占めている。それ以外では千葉県内が約15％であり、県外については約5％に過ぎない。来店者の属性は、年齢的には60歳以上の主婦層が中心であるが、平日には子供連れも多く、週末になれば家族連れで来店するものも多い。なお、来店方法には主として自動車が利用されている。また、来店者の約90％はリピーターとなっているように、顧客との固定的な関係が構築されている。来店者の多くは自宅用に購入していくが、店頭で贈答用として発送を依頼することもあり、この場合、次節で検討するように送られた人が翌年以降における新たな通信販売の顧客となる場合も多い。

　以上が調査対象生産者における対面販売の概要である。ここで、その内容

第7章　東葛飾地域における果実の庭先直売

について概括すると以下のとおりとなる。まず、直売店舗に直接来店する顧客の居住地については正確には分からないが、総じて直売店舗の所在市を中心とする千葉県内が多くなっている。その背景には、直売店舗周辺地域の人口が多く、そこに大きな消費需要があることが対面販売が盛んに行われる要因の一つになっているということができる。また、来店者が地方の知人等に対する贈答品として発送を依頼することも多いが、この場合も地元の特産物という意識によってなしが選択されており、送り手が生産地に居住していることが地方発送が行われる理由の一つということができる。特に、幸水は盆の前後に出荷期を迎えることから、中元等の贈答用として利用されることが多い。なお、個別の検討では触れなかったが、調査対象生産者はタウンページや市が作成する直売所マップに情報を掲載したり、営業期間中は直売店舗周辺にのぼりを立てる等の宣伝は行っているものの、総じて来店者数を増やすために積極的な活動はしていない。にもかかわらず、来店者数は経年的に増加してきたという経緯があるが、その多くは顧客間の「口コミ」等の影響によるものとなっている。

（4）通信販売の実態

　続いて、通信販売の実態について検討すると、以下のとおりとなる。
　生産者Bには通信販売の割合が高いという特徴があるのはすでにみたとおりである。同氏の通信販売の割合が高くなった理由としては、同氏の店舗までのアクセスが決して良くないことから、周辺住民であったとしても通信販売を利用する傾向があるのではないかということが想像される。しかし、その一方で調査事例のなかで最も店舗の立地環境が悪いと考えられる生産者Aでは通信販売が殆どないことを考慮するならば、生産者Bの通信販売割合が高くなったことの合理的な説明は難しい。しかし、同氏についても生産者Eを除く他の事例と同様に、経年的に通信販売を含む庭先直売が増加していくなかにおいて、その増加分を市場出荷の抑制によって対応してきた結果、このような状況に至ったものである。なお、通信販売の対象となるものは

175

10kgまたは5kgでケースに入れられたものであり、ビニール袋に入ったものは用いられていない。そして、この点については他の調査事例についても共通である。

生産者Bは、固定的な顧客についてはシーズン前にカタログを送付しており、その数は約1,000人となっている。通信販売の顧客は鎌ヶ谷市内や千葉県内にも存在しているものの、その過半数は県外であり、ほぼ全国に所在している。同氏の通信販売利用者は、かつて知人から同氏のなしを送られた人が多く、このような人が送られた翌年には自分で発注するようになるということが繰り返されることによって、その数を拡大してきたものである。顧客からの受注は、電話やファックスによって行われている。

生産者Cの通信販売は、電話やファックス、インターネット等によって注文を受けて、宅配便によって送付するものである。受注方法については電話とファックスの割合が高く、約75％がこれらの方法によっている。残りの約25％はインターネットであり、同方法は経年的に増加する傾向にある。最近の通信販売利用者には年賀状を送っており、毎年約1,000枚の発送数となっている。通信販売利用者の所在地は正確には把握されていないが、遠隔地からの受注もかなりの割合を占めている。

生産者Dについては年間約600件の発送を行っており、発送先はほぼ全国に及んでいる。受注の方法はファックスが多い。なお、発注者の多くは以前に知人から同氏のなしを送られた人であり、このような人が送られた翌年に自分で注文し、その後リピーターとして定着するというのがパターンとなっている。

最後となる生産者Eの通信販売の発送先は、関東が中心となっているが、それ以外にも広く全国に及んでいる。通信販売利用者については、その約90％が固定客であり、毎年のように同氏からなしを購入する傾向がある。そして、通信販売利用者の殆どは、以前に来店して購入した経験のある人や知人から同氏のなしを送られた経験を持つ人となっている。

以上、調査対象生産者における通信販売についてみてきたが、その内容を

第7章　東葛飾地域における果実の庭先直売

概括すると以下のとおりである。調査対象が行っている通信販売は、顧客から電話やファックス等によって注文を受け、宅配便等を利用して直接顧客に販売するというものである。このような通信販売の利用者は、以前に知人からなしを送られたことが契機となって、翌年以降に自分から発注するようになった顧客が多く、このため居住地は全国に分散している。このことから、通信販売は1年ごとの周期で顧客数を拡大してきたということができる。同様に、通信販売利用者の大部分はリピーターによって占められている。

なお、個別の検討では触れなかったが、調査対象生産者はインターネット上にホームページを持つ生産者Cを除けば、通信販売に関する積極的な宣伝活動は行わないという傾向が強い。しかし、一度購入した顧客はリピーターとなる可能性が高いことから、通信販売の利用者に対しては年賀状やシーズン前のカタログ送付等によって、継続的な取引関係を構築・維持していくための努力がなされている。

(5) 生産者における庭先直売の評価

ここにおいては、これまでの検討結果を踏まえて、調査対象生産者における庭先直売に対する評価について確認したい。

生産者Aからみるならば、同氏における庭先直売の評価は市場出荷と比べて高い価格帯での販売が可能になることに加えて、輸送に要する労力や経費を節約できる点が指摘されている。

生産者Bが指摘する庭先直売の利点としては、直売価格は変動することがなく、現状においては市場相場と比較して高い価格帯での安定的な販売が可能となっている点があげられている。また、市場出荷を重視するなら品質を落としてでも収量を上げてロットを大きくしなければならないが、直売の場合は収量を落としてでも手間をかけて品質を良くするという方法も選択できることに加えて、消費者との直接的な交流が励みになる点もあげられている。

生産者Cからは、市場出荷と比較した場合の庭先直売の利点として、直売価格を生産者自身が設定できる点が指摘されている。そして、直売価格は比

177

較的固定的であることから、市場相場が長期間にわたって低迷するなかにおいては相対的に高い水準となり、収入の確保が可能となっている。また、市場出荷や量販店に納品する場合にはロットが要求されるが、それに合わせたロットを形成するならば糖度等に差があったとしても同じロットとして販売せざるを得ないが、庭先直売ならば品質に合わせた荷姿や価格で販売することが可能となっている点も評価されている。その一方で、直売価格は長年据え置かれているうえに、市場相場も低迷するなかにおいて生産資材の価格は値上がりが続いていることから、生産者の経営上の課題となりつつあることも指摘されている。

　生産者Dによる庭先直売の利点としては、市場と比較した場合の単価の高さに加えて、顧客の顔が分かるだけでなく、反応が生産者に直接伝わることがやりがいにつながる点があげられている。その一方で、庭先直売には古くからの顧客が多いため価格を上げ難く、また、家族労働主体で運営することによる労働超過も課題となっている。

　最後の生産者Eについては、観光農園から庭先直売へと経営形態を変更することによって、なしの廃棄量が抑制できたことを直売の利点として評価している。それに加えて直売品の価格は市場相場と比較して高く、庭先直売を行うことが収入増につながる点があげられている。

　以上みてきたように、殆どの調査対象は、庭先直売を行うことによって市場出荷と比較して高価格での販売が可能となる点を評価しており、それに加えて価格が変動しないことによる経営の安定、さらには顧客と直接結びつくことによって得られる反応等があげられている。

（6）庭先直売の拡大要因

　これまで調査対象生産者におけるなしの庭先直売について検討してきたが、本項においては上記の検討結果を踏まえて、東葛飾地域においてなしの庭先直売が拡大してきた要因について整理すると、以下のとおりとなる。

　まず、庭先直売のうちの対面販売が拡大してきた経緯について確認すると、

第7章　東葛飾地域における果実の庭先直売

「周辺住民等が直売店舗で購入」→「購入者が知人に口コミ・お裾分け等で宣伝」→「新たな来店購入者の拡大」というサイクルをとりながら顧客数を拡大してきたというのが一般的である。そして、このサイクルの周期は比較的短く、購入者が直売店舗近くに居住している場合、1シーズンに複数回繰り返される可能性も高い。一方、通信販売については、「周辺住民等が直売店舗等から地方の知人等になしを発送」→「翌年、送られた人が直売店舗に発注（＝新たな通信販売利用者の拡大）」というサイクルの繰り返しによって顧客が拡大してきている。このように、庭先直売の顧客拡大は、対面販売・通信販売ともに消費者間の口コミや実際に食した経験等によってもたらされてきたという特徴がある。

　そして、顧客の裾野が拡大した大きな要因としては、対面販売の場合は地域内に非農家が多いことに加えて、大都市近郊というように消費者との距離が近く来店し易い環境であった点が指摘できる。この点に関しては通信販売についても同様であり、なしの生産地域に非農家が混住し、これら非農家が地域の特産物として地方の知人等になしを送ることが、顧客拡大の起点に存在している。さらには、一度顧客との関係が構築されてしまえば、店舗のアクセスが悪くても継続的な販売が可能であるということも、庭先直売が拡大した一因としてあげることができる。

　ところで、特定の地域に多数の直売店舗が集中して設置されているということは、店舗間における顧客をめぐる競争関係の存在が予想されるところである。しかし、現状において直売店舗と顧客との関係は固定的であり、一度、関係が構築されるならば長期間にわたって継続される傾向が強いことから、店舗間の競争関係は顕在化していない。

　以上、調査対象におけるなしの庭先直売についてみてきたが、このような販売方法が広範囲に行われ、拡大してきた要因の一つとして、東葛飾地域が生産と消費との距離が近いという立地環境にあったということが指摘できる。しかし、このような環境が成立し得たのは、同地域のなし産地は都市化の程度が比較的ゆるやかであった時期においてすでに形成され、その後、都市化

の進展に伴って産地が都市のなかに取り込まれていったという特殊な状況下にあったことに起因するものである。さらにいうならば、庭先直売が拡大した要因には対象品目が贈答品として利用されたということも大きいが、このように利用される前提として、同地域の生産品目であるなしには贈答用に適した商品特性があるとともに、中元の時期に出荷期を迎えるものであったという点をあげることができる。したがって、同地域におけるなしの庭先直売の展開から得られた知見を他の果実産地に一般化することは難しく、このため本事例は、都市近郊農業の一つの特殊形態として評価すべきものであろう。

第5節　果実の市場出荷の実態

　本節においては、本章の目的とは多少逸脱するが、庭先直売を行うなし生産者における市場出荷の実態について検討することによって、これら生産者の経営における市場出荷の位置付けについて明らかにしたい。なお、調査対象生産者におけるなしの市場出荷の概要についてまとめたものが**表7-7**である。

　生産者Aの市場出荷については、同じ集落の4人の生産者によって組織された出荷組合を通じて行われている。出荷先市場は最寄市場である柏市公設総合地方卸売市場となっているが、これについては1930年代当時から同市場の前身である青果物問屋に出荷していたものが、現在まで継続されてきたものとなっている。市場出荷品の選別基準は出荷組合で定めたものであり、毎年、出荷前に組合員が協議することによって、選別方法についての確認がなされている。市場までの輸送は各自で行っているが、市場においては組合員の出荷品は同じパレット上に置かれ、同一ロットとして取引されている。精算については卸売業者が個別に行っているが、仕切価格は同一規格のものであるならば共通となっていることから、実質的には組合共計というべきものである。

　生産者Bについては、以前は個人で船橋市中央卸売市場に出荷していたが、

第7章 東葛飾地域における果実の庭先直売

表7-7 なしの市場出荷の概要（2007年）

単位：千円、%

生産者	出荷先			荷主名義	選別基準	出荷ケース	分荷権	輸送方法	精算方法	パターン	備考
		金額	構成比								
生産者A	柏市場	2,600	100	出荷組合	出荷組合	農協	出荷組合	個別輸送	個別精算	3	実質的には組合共計。
生産者B	板橋市場	1,530	100	出荷組合	市場	農協	出荷組合	共同輸送	組合共計	3	販売額は推計。
生産者C	合計	3,960	100	出荷組合	出荷組合	農協	出荷組合	共同輸送	組合共計	3	
	築地市場	1,188	30								
	北足立市場	2,574	65								
	川崎北部市場	198	5								
生産者D	豊島市場	760	100	農協	出荷組合	農協	出荷組合	共同輸送（業者委託）	組合共計	2	実質的には組合共販。

資料：ヒアリング（2008年）による。
注：パターンの区分方法については表1-11に基づく。

庭先直売を開始した1984年に7人の生産者によって出荷組合を設立し、それ以降は出荷組合共販が行われている。このため、出荷ケースこそ農協のものが使用されているが、分荷権は組合にあるだけでなく、組合単位で共同輸送や共計が行われている。出荷先市場については、組合設立当初は東京都中央卸売市場豊島市場であったが、現在では同板橋市場に変更されている。1984年当時に豊島市場が選択された理由としては、同市場の卸売業者の担当者が産地まで出荷を要請にきたことによる。その後、卸売業者の担当者が板橋市場へと異動したことから、出荷先も板橋市場に変更して現在に至っている。このことから、果実についても出荷者が出荷先を選択するに際しては、属人的な要素が決して小さくないことがうかがえる。出荷組合を設立した7人の生産者は、現在においてもなしの市場出荷を継続しているが、いずれも庭先直売が販売の中心になっている。このため市場への出荷ロットが小さくなったことを理由として、その後、同じく出荷ロットが縮小した2つの出荷組合と統合し、新たに組織された生産者23人による出荷組合を通じた共販へと出荷方法が変更されている。

生産者Cについては、同じ集落のなし生産者で組織された出荷組合を通じて、東京都内の卸売市場に出荷している。この場合、出荷ケースは農協のものが使用されているが、出荷組合の規格によって選別するとともに、運送業者に委託して共同輸送を行うだけでなく、組合員で共計するという出荷組合共販が行われている。出荷先市場については組合員が協議して決めているが、東京都中央卸売市場北足立市場の割合が高く、市場出荷全体の約65％を占めている。それ以外では、同築地市場の約30％、川崎市中央卸売市場北部市場の約5％となっている。経年的には、以前は北足立市場が約80％を占めていたが、築地市場の方が高い相場が形成されることから近年では同市場のウェイトが増しつつある。

　生産者Dは出荷組合を通じて豊島市場に出荷しているが、商流については地元農協を経由させている。この場合、出荷ケースこそ農協のものとなっているが、出荷組合の基準で選別し、分荷権も組合にあることから実質的には出荷組合共計である。市場までの輸送については運送業者に委託している。同氏が所属する出荷組合は集落単位で設立されており、組合員は20人となっている。現在、全ての組合員がなしを生産し、庭先直売と市場出荷とを併用している。なお、約1988年頃の組合員は約30人であったことから、生産が比較的堅調であると考えられるなしにおいても生産者数は減少しつつあることがうかがえる。出荷先市場は同氏の先代から豊島市場となっているが、その理由としては、なしの市場相場が低迷する状況下において多くの卸売業者が新規産地の受入に消極的であり、このため出荷先を変更することは難しい点があげられている。

　以上、庭先直売を行うなしの生産者における市場出荷について検討してきた。このように、いずれの調査対象についても市場出荷に関しては、実質的には出荷組合共販というべきものとなっている。また、例外なく庭先直売を行う生産者同士によって、出荷組合が設立されるという特徴が存在している。その理由としては、庭先直売を行う生産者は直売を前提とした収穫を行っており、市場で一般に流通しているなしと比較して熟度の高い状態で収穫され

第7章　東葛飾地域における果実の庭先直売

ていることによる。このため、比較的早い段階で収穫を行う市場出荷を前提とする生産者とは、一緒に出荷することが難しくなっている。そして、庭先直売を行うことを前提としてなしを収穫していることから明らかなように、庭先直売を行う生産者にとって、現状において市場出荷はあくまで補完的な販売方法というべきものになっている。実際に、生産者は庭先直売だけでは処理しきれなかったものを市場に出荷しており、市場出荷は庭先直売の余剰果の数量調整として位置付けられている。

第6節　小括

　最後に、本章の検討結果についてまとめると、概略は以下のとおりとなる。
　東葛飾地域では、同地域において都市化の程度が緩やかであった戦前の段階からなしの産地化が進展しており、1960年代以降には、従来の市場出荷に加えて生産者自身による庭先直売が行われるようになっている。そして、現在では庭先直売を販売の主軸とする生産者が多く、このような生産者においては、市場出荷は出荷調整としての補完的な位置付けとなっている。
　同地域においてなしの庭先直売が広汎に展開された要因としては、次の3点があげられる。第1に、同地域が東京等の大消費地に近いだけでなく、地域内に非農家の住民が多数居住していることから地域内自体に大きな消費需要があり、周辺住宅地等からのアクセスの良さも手伝って販路を拡大し易い条件が存在している。第2に、幸水の収穫時期が中元の時期と重なることから、直売店舗周辺の住民等に贈答用として利用される傾向が強い。第3に、なしを送られた人自身が翌年以降はリピーターとなって継続的に購入することが、顧客が拡大してきた大きな要因となっている。そして、以上の要因は、都市化の進展が激しく農業を行ううえでの条件不利地域であったことが、同地域においては庭先直売を行うにあたって返って有利に作用したことを意味している。
　また、生産者にとって庭先直売を行うことは、市場相場と比較して高い価

格帯での販売が可能となるだけでなく、価格が長期間固定されていることから相対的に安定した農業経営が実現されている。そしてこのことが、同地域においてなしの生産が継続される要因の一つとなっているということができる。しかし、庭先直売には自己資金による店舗の設置・維持費や雇用労賃といった市場出荷にはない経費負担も発生することから、たとえ高い価格で販売できたとしても、必ずしも高い所得に結びつくとは限らないという懸念も存在している。

　最後になるが、都市近郊にあることによって有利な販売を実現してきた東葛飾地域のなし生産においても、高額な固定資産税や相続税の存在、さらには農薬散布等に伴う地域住民からのクレーム等というように、都市近郊で農業を継続していくうえでの課題は決して小さくないことを付言しておきたい。

注
1）市川市史編纂委員会［1］のpp.464〜468による。
2）この点については、市川市史編纂委員会［2］のpp.189〜228に詳しい。
3）本節の記述については、市川市史編纂委員会［1］のpp.463〜470、及び市川市史編纂委員会［2］のpp.189〜228に基づく。
4）千葉県東葛飾農林振興センターへのヒアリングによる。なお、後藤［3］のpp.56〜59及び蔦谷［4］のpp.30〜31において、都市近郊で生産される果実は直売される傾向があることが指摘されている。
5）各市へのヒアリング等による。
6）『平成19年東京都中央卸売市場年報農産物編』のデータより算出。
7）直売店舗への来店者の居住地は、いずれの調査事例も正確には把握していないことから、ここで検討する居住地についても各調査事例の経営者が、店頭における顧客との対応や自動車のナンバープレート等の確認等を通じて得られたおおよその傾向に基づいている。

引用文献
［1］市川市史編纂委員会『市川市史第三巻』市川市、1975年。
［2］市川市史編纂委員会『市川市史第四巻』市川市、1975年。
［3］後藤光蔵『都市農地の市民的利用』日本経済評論社、2003年。
［4］蔦谷栄一『都市農業を守る』家の光協会、2009年。

終章

大都市近郊園芸生産地域における青果物流通の展開方向

第1節　流通形態別の要求事項

　本書においては、大都市近郊園芸生産地域である千葉県東葛飾地域を対象に、同地域で展開されている青果物流通の形態ごとに、その実態や課題について検討を行った。しかし、本書においては原則として章ごとに一つの流通形態を取り上げていることから、各流通形態を横断した相互比較は行えなかった。このため、本章においては大都市近郊園芸生産地域における今後の青果物流通の展開方向についてとりまとめるに先だって、**表終-1**に基づいて、各流通形態ごとに青果物に対して要求される事項について確認したい。なお、以下で検討する個人出荷と出荷組合共販についてはいずれも実質的なという意味である。このため、個人出荷には農協や出荷組合名義によるものが含まれており、同じく出荷組合にも農協に商流を通した流通が含まれている。
　まず、青果物を出荷・販売するにあたって求められる継続性については、卸売市場に対して数量的に安定的かつ継続的に出荷することが価格面での評価につながる農協共販や出荷組合共販においては、強く要求されている。そして、市場への個人出荷についても市場において高い評価を期待するのであれば継続的な出荷は不可欠となるが、出荷者が価格面に多くを期待しないのであれば非継続的な出荷でも問題はなく、また、集荷量の確保が喫緊の課題となりつつある中小規模の市場であるならば、新規の出荷であったとしても受入は十分可能である。農産物直売所においては、出荷者自身が価格を設定することから価格と出荷の継続性とは関連性がなく、このため原則として出

表終-1　青果物への要求度等

要求項目	要求度等 小	要求度等 中	要求度等 大
出荷・販売の継続性	農産物直売所	←――――個人出荷――――→	農協共販 出荷組合共販 果実庭先直売
ロットの大きさ	農産物直売所	農協共販 出荷組合共販 個人出荷（地域内市場・朝市）	個人出荷（都内等） 個人出荷（地域内市場・夕市） 果実庭先直売
選別・調製	←果実庭先直売（対面）	農協共販 出荷組合共販 ――個人出荷―― 果実庭先直売（通販）	―→ 農産物直売所
輸送距離	出荷組合共販（集落単位） 個人出荷（巡回集荷） 果実庭先直売	農協共販 出荷組合共販（その他） 個人出荷（地域内市場） 農産物直売所	個人出荷（都内等）

資料：ヒアリング（2006～2008年）による。
注：1）個人出荷は実質的なものであり、農協や出荷組合名義で出荷されたものを含む。
　　2）出荷組合共販は実質的なものであり、農協名義で出荷されたものを含む。

荷の継続性について出荷者に問われることはない[1]。一方、果実の庭先直売については販売の継続性というよりも、常時どれだけの収穫量が確保されていなければならないのかが問われることになる。つまり、果実の収穫期間中は、直売店舗において来店者の期待を裏切らないために一定量の店頭在庫が常に必要となっていることに加えて、通信販売についても顧客からの受注に対して遅滞なく発送する必要があることから、収穫期間中は実際の直売数量以上の在庫、すなわち日々の収穫量が必要[2]となっている。

次に、出荷品に要求されるロットについては以下のとおりである。出荷者が東京都内等というような比較的遠距離にある卸売市場に個人出荷する場合、市場には受託拒否禁止の原則が存在することからロットの小さいものであったとしても出荷は可能であるが、小ロット品の価格面での評価や出荷者が負担する輸送経費を考えた場合、実際にはある程度のロットが必要[3]となることは明らかである。また、比較的近距離ではあるものの東葛飾地域内の卸

終章　大都市近郊園芸生産地域における青果物流通の展開方向

売市場で行われている夕市に出荷する場合には、夕市が産地市場的な性格のものであることから、転送業者が輸送経費をかけて他市場に搬送してもそれに見合うだけのロットが必要となっている。一方、個人で同地域内等にある卸売市場に出荷する場合についても出荷ロットは大きい方が望ましいことは自明であるが、出荷者が価格面で高い評価を期待しないというのであれば出荷も可能となるうえに、輸送経費も都内の市場に出荷する場合と比較して安く、このためロットに対する許容範囲は広いということができる。次に、農協共販や出荷組合共販については、集荷所の段階において複数の出荷者の荷を合わせて一つのロットを形成するものであることから、多数の出荷者を確保できるのであれば個々の出荷者に対するロットの要求度は必ずしも高くはない。しかし、実際に行われている共販は充分な出荷者数を確保しておらず、このため個々の出荷者にもある程度の出荷量が求められている。農産物直売所で販売する場合はロットに対する柔軟性が最も高く、出荷者が輸送することを厭わないのであれば、極言すれば個包装一つだけであったとしても販売は可能である。果樹の庭先販売に求められるロットについては、すでにみた出荷の継続性に準じて考えることができる。例えば、幸水ならば中元の時期には対面販売・通信販売共に販売が集中する傾向があり、それ以外の時期においても週末等の対面による販売量は多くなっていることに加えて、通信販売についても受注数量に応えるだけの在庫を常時確保する必要があることから、継続的に相当量の収穫量が求められている。

　選別・調製に関する要求として、農協共販については共計を行う関係から比較的厳密な選別・調製が必要となっている。同様の理由から、共計を行っている出荷組合についても統一的な基準のもとでの選別・調製が求められている。また、個人出荷についても農協が定めた規格や市場が要求する基準に準じて選別を行うことが、市場での評価を高めるためには不可欠となっている。しかし、たとえ選別が悪かったとしても安価でさえあれば優先的に購入する一般小売店も実際には存在していることから、出荷者が高い評価を望まないのであれば、個人出荷の選別・調製に関する許容度は高い。農産物直売

所については選別に関する許容度が高いのが特徴となっているが、その一方で調製方法、具体的には個包装の作り方次第で売れ行きが大きく変わるという傾向[4]もあり、調製に関する出荷者の技量が問われている。また、直売所で販売する場合には、出荷者自らが個包装までの調製や価格ラベルの貼付等の作業を行わなければならないことから、仮に同じ数量を販売するならば、直売所での販売は、他の方法と比較して出荷作業の省力化につながるとは限らないという一面もある。果実の庭先直売のうち通信販売については、いわゆるカタログ販売であり、出荷者は購入者の期待を裏切らないためにも農協等の基準と同程度の選別が必要となっている。しかし、店頭における対面販売については厳密な選別が行われることもあるが、その一方で下級等級品についてはひとまとめに袋に入れて販売する等の方法も併用されており、等級によって選別・調製への要求度は異なる傾向が存在している。

　最後に、出荷に関する要求事項ではないものの、出荷者が出荷方法を選択するに際して大きな影響を与えるものとして、出荷者の労力負担によって行わなければならない出荷品の輸送距離についてみると、以下のとおりである。まず、最も長距離の輸送を行わなければならないのは都内市場等への個人出荷である。次に長くなるものとして、地域内市場への個人出荷があげられる。また、農協共販については集落の境を越えて設置された集荷所までの輸送が必要であり、同じく、出荷組合共販についても集落の範囲を越えて組織化されたものについては、出荷者の労力負担のもとで集荷所までの輸送が必要となっている。なお、この点については農産物直売所についても同様である。一方、個人出荷でも卸売業者等による巡回集荷を利用する場合や集落単位で組織化された出荷組合を通じて出荷する場合には、出荷者が居住する集落内に集荷所があったり、庭先での引き渡しとなることから、出荷者自身で行う輸送の範囲も集落内に限定されることになる。本書で検討を行った流通形態のうち、最も輸送距離が短いものとしては果実の庭先直売があり、この場合は自身の敷地内に設置された直売店舗において対面販売が行われたり、宅配業者に荷が受け渡されている。

終章　大都市近郊園芸生産地域における青果物流通の展開方向

　以上みてきたように、流通形態ごとに出荷の継続性やロットの大きさ、選別・調製の水準に関する要求度は大きく異なっており、このような要求に加えて、出荷者の労力負担の下で行わなければならない輸送距離がそれぞれ影響しながら、出荷者の属性と選択される流通形態との関係が規定されている。

第2節　流通形態別の展開方向

　本節では、前節における検討内容を踏まえながら、東葛飾地域で行われている流通形態について、各形態と対応関係の強い出荷者の属性や形態ごとの今後の展開方向、そして各形態に望まれる対策等について検討し、本書のまとめとしたい。

　まず、同地域の農協共販[5]については、全国的な傾向と比較して共販率が低いという特徴がある。そして、農協共販を通じて出荷を行う場合、出荷者は定められた基準によって選別・調製を行うとともに、定められた集荷所まで輸送を行わなければならないという制約がある。それに加えて、農協共販には出荷の継続性やある程度の出荷ロットも要求されている。このため農協共販を利用する出荷者は、このような要求に対応できることが前提条件となっている。しかし、選別・調製に関する技術水準の高い一部の出荷者の出荷品と比較するならば、共販出荷者の技術水準は必ずしも高くはなく、このため技術水準の高い出荷者は共販から離脱していく傾向が存在している。

　なお、同地域で行われている農協共販は出荷者数が総体的に少なく、このためいわゆる大産地において形成される共販ロットと比較するならば、その数量は多くはない。しかも、出荷にあたっては小さなロットのものがさらに多数の市場に対して分散出荷されるなど、市場での有利販売の実現や流通経費の削減には結びつかない出荷対応がとられている。さらには、出荷者は出荷に関する他の選択肢が多いこともあって、農協等の対応に不満があれば容易に共販から離脱していくという傾向もみられている。それと同時に、現在の共販出荷者の多くは高齢化しており、今後はさらに高齢を理由とする共販

からの離脱も予想されることから、一部の農協においては共販体制の維持すら危惧されている状況にある。

　このように、農協共販を取り巻く環境は楽観視が許されない状況にあることから、今後の農協共販に関する対応策としては以下の方向性が考えられる。第1に、旧農協単位で行われている集・出荷体制の再編があり、特に小規模分散出荷の解消があげられる。第2としては、合併農協による一般的な流通合理化対策とは逆行するようにもとれるが、出荷者の高齢化に伴う共販からの離脱をできるだけ回避するために、中間デポとしての小規模集荷施設の稠密な設置や農協主導による巡回集荷等を展開していくことによって、いかに出荷者の労力負担を軽減しながら出荷の継続・延長を図っていくかが求められている。

　出荷組合による共販[6]については、本書においては主として商流上農協を経由させたものについて検討してきた。しかし、これら以外の出荷組合における集・出荷の実態についても大きな相違はないと考えられることから、ここにおいては検討結果を出荷組合共販全般に共通する傾向として敷衍し、取りまとめることとしたい。

　出荷者が出荷組合を通じて共販を行う場合、農協共販と同じく継続的な出荷やある程度のロットでの出荷が要求されている。また、選別・調製についても共計を行うためには統一的な基準のもとで選別・調製が行われる必要があり、この点からも出荷組合共販には農協共販に準じた作業負担が必要となっている。そして、出荷にあたっては集荷所までの輸送が必要となっているが、集落を単位として組織化された出荷組合であるならば、原則として集荷施設は出荷者が居住する集落内に設置されていることから輸送距離は概して短いということができる。

　なお、東葛飾地域に存在する出荷組合には様々な組織形態のものが存在しているが、このうち集落を単位として組織されたものについては出荷者が離脱することに対する地縁等に基づく制約が働くことも予想され、この場合、出荷組合は農協共販と比較して離脱への障壁が高いということができる。し

終章　大都市近郊園芸生産地域における青果物流通の展開方向

かし、農協の共販単位の組織員数と比較して出荷組合の構成員数はより少ない傾向にあり、このため一つの出荷組合だけでは市場から求められる出荷ロットを確保できないだけでなく、構成員の減少によって組織の維持すら限界に近づきつつある組合も存在している。

　以上、出荷組合の現状についてみてきたが、出荷組合は既存組合員の減少に加えて、今後も新規組合員の確保が難しい状況が見込まれるところである。そして、このような状況下においても出荷者が出荷組合を通じた販売の継続を望むのであれば、当面は複数の出荷組合を統合することによって、出荷者と出荷ロットの維持を図っていくしか方向性はないと考えられる。そして、このような取り組みを進めるにあたっては、地域農業のオルガナイザーとして、農協の営農指導担当者や県の普及職員、さらには市の農政担当者等の調整機能に期待されるところである。

　すでにみたように、東葛飾地域は東京都内とのアクセスが良く、また地域内に多数の卸売市場が設置されていることもあって、生産者による個人出荷が盛んに行われている。そして、個人出荷[7]を行う出荷者については多様な属性のものが含まれており、また多くの例外も含まれていると考えられるが、あえて分けるならば2つのグループに大別することができる。まず、第1のグループとしては、農協や出荷組合による共販には満足できない、生産規模が大きく栽培や選別・調製に関する技術水準の高い出荷者群があげられる。その一方で、第2のグループとしては、農協や出荷組合の選別・調製基準に合わせられない出荷者群である。そして、後者に属する出荷者の多くは高齢化し、生産規模も相対的に小さい可能性が高い。このうち第1グループの出荷先としては、輸送経費を抑えることに加えて市場での評価を高めるために、大ロットでの出荷が必要となる都内の拠点市場を選択したり、地域内市場でも大きなロットや高い品質が要求される夕市を志向する傾向が存在している。一方、第2グループについては地域内市場の朝市に出荷する傾向が強く、また巡回集荷によらなければ出荷を継続できない出荷者も多い。

　このような個人出荷の今後については、第1グループに属する出荷者のう

ち年齢が比較的若い生産者や後継者が確保されているものについては、今後も個人ブランドでの市場出荷を販売の中心としながら、場合によっては、これに農産物直売所での販売や量販店等への直接納品等といった方法を組み合わせた販売対応を展開していくものと思われる。また、第1グループの出荷者については、周辺に所在する生産者がリタイヤしていく状況下においては、農地の賃貸借を通じた規模拡大の可能性も残されている[8]。しかし、第2グループに属する出荷者の多くは、近い将来において市場出荷から農産物直売所へと販売方法を変更したり、さらには販売だけでなく生産からも撤退していく可能性が高いものである。そして、これら出荷者のうち後継者を確保しているものは少なく、今後、生産からの撤退や相続の発生に合わせて農地も他用途に転用されていく可能性が高い。

　このような個人出荷者に対する対策としては、第1グループに関しては出荷者の自律性が高く[9]、このため関係機関による支援についても各種情報の提供など側面的なものとならざるを得ない。しかし、第2グループについては、巡回集荷のより一層の充実や規格簡素化による選別基準の緩和、さらにはコンテナ集荷の活用による調製作業の省力化というように、卸売業者等による高齢かつ小規模な出荷者に対する負担軽減対策が、より重要性を増していくのではないだろうか。また、農協を通じて出荷する場合には、出荷者に対して農薬の使用方法や法規制といった食品の安全性等に関する情報提供や指導が行われることも多いが、個人出荷者に対してこのような指導が行われる機会は少ない。その一方で、農薬ポジティブリスト制の導入による規制強化や消費者の食品安全に関する関心は高まりつつあることから、今後は個人出荷者に対する農協や県等を通じた普及啓発活動の展開も、より必要性を増していくと思われる。

　東葛飾地域は園芸生産地域であるとともに、隣接する東京都だけでなく地域内自体にも大きな消費需要が存在することから、農産物直売所[10]の立地環境としては極めて恵まれた地域ということができる。このような直売所への出荷者についても個人出荷者と同様に多様な属性のものが含まれているが、

終章　大都市近郊園芸生産地域における青果物流通の展開方向

総体的には零細かつ高齢化した生産者の占める割合が高いということができる。そして、農産物直売所に出荷するにあたっては、前節でみたように他の方法と比較して制約が少ないことから、これら出荷者のなかには直売所設置以前において自給農家であったものや農業経営を後継者に委譲した生産者も含まれている。

　このように、農産物直売所への出荷者は他の出荷形態と比較して高齢者の占める割合がより高いと考えられることから、今後はそれへの対策の重要性が増していくものと考えられる。具体的には、現状においては収穫後の調製や直売所までの輸送、店舗のバックヤードにおける価格ラベルの作成・貼付、さらには店頭での陳列に至るまで、一連の作業の多くは出荷者自身の手によって行われているが、将来的には希望する出荷者に対しては、直売所が手数料を徴収してでもこれら作業を内部化していく努力が求められるのではないだろうか。また、個人出荷者に対するのと同じく、直売所の出荷者についても関係機関による食品の安全性に関する普及啓発が重要性を増していくということができる。

　東葛飾地域の果実産地は比較的早い段階において形成され、その後、都市の膨張に伴って産地が都市のなかに取り込まれていったという経緯を有している。そして、果実生産者の多くはその立地環境を活かして庭先直売[11]を中心としながら、それに市場出荷を組み合わせた販売方法をとっている。このように、果実の生産者は同じ東葛飾地域でありながら、野菜生産者とはその性格が大きく異なっている。そして、庭先直売における果実の販売価格は相場変動の直接的な影響を受けないうえに、顧客が固定的であるという理由から、所得は決して高くはないものの安定的な農業経営が実現されている。

　以上のような理由から、果実生産者の平均年齢は野菜生産者と比較して相対的に若く、また後継者も比較的確保される傾向にあることが想定される。しかし、果実は労働集約度の高い作物であり、このため生産者は家族労働力をフルに活用しながら生産を行うという傾向があることから、周辺に廃業する果実生産者があったとしても経営規模の拡大には自ずと限界がある。この

ため、今後の展開方向としては、一部においてはリタイヤ等による廃業や相続等に伴う規模の縮小はあるものの、当面は現状の比較的安定的な経営が維持されていく可能性が高い。

このような果実の庭先直売を行う生産者への支援策としては、果実の直売店舗は県内だけでなく県外からも購入者を誘致できるという重要な観光資源であるとの認識に立って、行政等の関係機関が広報活動や観光客誘致に向けた施策を展開していくことによって、果実生産者に対する側面的な支援の展開が望まれるところである。

以上、本書においては、大都市近郊園芸生産地域である千葉県東葛飾地域において展開されている青果物の流通形態について検討を行ってきた。ここで、同地域における青果物流通の変容動向について総括するならば、概略は以下のとおりである。第1に、青果物生産者が高齢化していくなかにおいて農協共販や出荷組合共販といった組織的な出荷対応が縮小しつつある。第2に、個人出荷についても規模が大きく技術水準が高い出荷者と農協等の選別・調製基準に合わせられない出荷者とに分化しつつある。また、後者の一部については卸売業者等による巡回集荷が活用されている。第3に、出荷にあたって制約の多い市場出荷等から離脱し、出荷品に対する要求度の低い農産物直売所を活用する生産者が拡大しつつある。第4に、果実生産者は庭先直売という方法によって、野菜生産者と比較して安定的な販売が実現されている。

最後に、本書の序章において、都市農業や都市近郊農業については、これまで土地に関する法制度や市民との交流といった観点から検討されることが多かったことに触れたが、本書を通じて検討してきたように、流通面における対策も同じく重要な課題であることは明らかである。現状においては、高齢化した小規模生産者の受け皿として農産物直売所や卸売市場による巡回集荷が活用されているが、これらを利用する生産者以外にも生産は行えるが収穫以降の作業負担に耐えられないことを理由として、農業から撤退していったものも少なくはない[12]と考えられる。また、直売所に関しては地域の消費需要に上限があるうえに、全ての消費者が直売所を利用するものでもな

終章　大都市近郊園芸生産地域における青果物流通の展開方向

い[13]ことから、その取扱額の拡大には自ずと限界がある。これらのことからも、都市近郊の生産者が生産を継続していくとともに、都市住民が新鮮な地場産野菜を消費できる環境を将来的にも維持してくためにも、関係機関等による流通面での対策は、今後、その重要性をより一層増していくであろう。

注
1) 例外としては、第6章でみた直売所Bのように継続的な出荷を会員の条件にしている事例がある。
2) このようにして発生する余剰果を処理するために、多くの果実生産農家は庭先直売だけでなく、市場出荷を組み合わせるという販売対応をとっている。
3) 例外として、都内にある卸売市場の巡回集荷を利用する場合の輸送経費は1ケースに対する単価としてや販売額に対して定率に徴収されることから、小ロットであったとしても輸送経費が割高となることはない。それどころか、巡回集荷による場合はロットが大きいほど、出荷者自身が輸送した場合と比較して輸送経費は割高になると考えられる。
4) 本書の第6章における、直売所Eへのヒアリングによる。
5) ここでいう農協共販は、前掲表1-11にあるパターン1が該当している。
6) ここでいう出荷組合共販は、前掲表1-11にあるパターン2及び3が該当している。
7) ここでいう個人出荷は、前掲表1-11にあるパターン4、5及び6が該当している。
8) 本書の第5章で検討した生産者Aによれば、同氏が居住する集落周辺では高齢生産者がリタイヤしたとしても農地は転用されず、賃貸借を通じて他の生産者によって耕作される傾向があるとのことである。
9) 本書の第5章で検討した生産者Dによれば、東葛飾地域の生産者の多くは農協が指導力を発揮しようとすればそれに反発し、農協からより一層離れていく傾向があるとしている。そして、このような傾向は有力な出荷者ほど強いことを指摘している。
10) ここでいう農産物直売所は、前掲表1-11にあるパターン7が該当している。
11) ここでいう庭先直売は、前掲表1-11にあるパターン8が該当している。
12) 2005年2月に千葉県内にある富里市農協に対して行ったヒアリングによれば、同農協管内において以前はさといもの共販が盛んに行われていたが、調査時現在ではそのシェアを商系に奪われたとのことであった。その理由としては、農協共販で出荷する場合は生産者がさといもの洗浄までの作業を行わなければならないことから、洗浄作業に対応できなくなった生産者は土付きの状態

でも受け入れてもらえる商系へと販売先を変更したことがあげられている。一方、東葛飾地域には商系の存在が確認できなかったことから、商系の業者が存在していたならば生産を継続できたかも知れない生産者が、収穫以降の作業を行えないことを理由として販売から撤退していった可能性は否定できない。

13) 本章の第5章において、農産物直売所の利用者は量販店の顧客層とは属性が異なることを指摘しているが、現状において直売所に関心があり、日常的に利用している消費者の割合は決して高くはないと考えられる。

あとがき

　本書は、私がこれまでに発表した千葉県東葛飾地域の青果物流通に関連のある論文及び学会報告について、大幅に加筆修正を加えるとともに、一部を書き下ろすことによって取りまとめたものである。具体的には、第３章から第７章が発表済みであり、その初出は以下のとおりである。また、序章、第２章及び終章については新たに書き下ろしている。

第３章：論文「大都市近郊園芸生産地域の卸売市場における個人出荷野菜の集・分荷に関する研究―千葉県東葛地域を事例として―」『農業市場研究』第16巻第１号、2007年６月、pp.29～41。
第４章：論文「東京都中央卸売市場における個人出荷野菜の流通実態に関する一考察」、『農政経済研究』第26集、2004年12月、pp.27～36。
第５章：論文：「大都市近郊園芸生産地域の生産者における販売対応に関する一考察　―千葉県東葛飾地域を事例として―」『農業市場研究』第18巻第３号、2009年12月、pp.40～46。
第６章：論文：「大都市近郊の農産物直売所による地域農業活性化に関する一考察」『農業市場研究』第19巻第１号、2010年６月に掲載予定（2010年１月30日付けで受理）。
第７章：学会報告：「大都市近郊園芸生産地域におけるなしの庭先直売に関する研究―千葉県東葛飾地域を事例に―」2009年度日本農業市場学会大会、2009年７月。

　本書に関する調査は、補足調査も含めれば2004年９月から2010年２月の間に実施しているが、これら調査の殆ど全ては所属先の業務とは別に、有給休暇等を利用して実施したものである。また、取りまとめについても勤務時間

以外の時間や休日等に行った。このため、本書のようなささやかな成果を取りまとめるにあたっても、5年以上もの時間を要せざるを得なかった。昨今のように農業を取り巻く情勢の変化がめざましいなかにおいては、研究成果の速やかな公開が望まれることを鑑みれば、忸怩たる気分を禁じ得ない。例えば、この間に東葛飾地域では農協の度重なる合併や卸売業者の廃業等があり、また個人出荷者数は減少し続けていたことから、本書の内容はすでに、現状と幾ばくかの乖離が生じている。

　なお、ここにおいて私の研究に対するスタンスについて確認しておくならば、私は本書に限らず研究を行うにあたっては、一個人として中立的な立場を維持するよう心がけている。加えて、本書に係る調査は前述のような方法によって行ったものであることから、本書に関する全ての責任は私個人が負うべきものであり、現在の所属先には一切関係がないことを付言しておきたい。

　本書においては、東葛飾地域における青果物流通について多角的な視角から分析を加えたと考えているが、それなりに積み残しがないわけではない。具体的には、出荷組合を通じた集・出荷活動については農協を通じた間接的な把握や少数の出荷者を通じた把握にとどまっており、量販店等への直接納品や生産者個人によって行われている野菜の庭先直売及び移動販売、さらには生産法人の販売活動等については、一瞥すらできなかった。

　このうち、集落を組織単位とする出荷組合の多くは、卸売市場制度成立以前である1920年代という比較的早い段階に設立されていることに加えて、これら組合が農協の共販運動が展開されていくなかにおいても再編されることなく存続し、現在に至るまで同地域の青果物流通において重要な役割を果たしてきたという事実を踏まえるならば、実に興味深いといわざるを得ない。さらにいうならば、東葛飾地域の出荷組合の多くは組合員数の減少等の理由から組織の維持が限界に近づきつつあり、将来的には解散等に伴う資料の散逸すら危惧される状況にある。そして、同地域の出荷組合が置かれている状況は、全国的な傾向として捉えても大きく矛盾するものではないと考えてい

あとがき

る。これらのことから、今後は出荷組合の歴史的展開過程について把握し、記録として残すことの必要性を痛感している次第である。同時に、出荷組合の現状についてもより詳細な実態把握と分析を行うことによって、これら組合が青果物流通において果たしている機能について評価を行う必要があろう。

上記以外にも、東葛飾地域と隣接県及び県内他地域との関係や柏市にあるJA全農ちば青果集品センターの実態等についての検討は行えなかった。また、大都市近郊における農業生産や流通に対する消費者側からの評価についても、私の力不足により行えなかったアプローチである。さらには、職場に図書資料が無いに等しいという言い訳にも成らないような状況もあって、先行研究のサーベイや論点の整理・検討が不十分であったという反省もある。本書の積み残しについては今後の課題にするとともに、至らなかった点についての叱声は甘んじて受けたいと思う。

最後になるが、本研究の実施にあたっては、生産者、農協、卸売業者及び農産物直売所等の協力を得た。また、千葉県東葛飾農林振興センター及び全農千葉県本部等の関係機関には、ヒアリング先の紹介を受けるなど一方ならずお世話になった。出版に際しては、出版事情の厳しいなかにもかかわらず㈱筑波書房には無理を押して出版を引き受けていただいた。これらのご協力いただいた方々に対し、この場を借りてお礼を申しあげたい。

2010年5月

木村彰利

著者略歴
木村彰利（きむら　あきとし）

所属：㈳農協流通研究所　主任研究員

経歴
1965年7月　大阪市東淀川区に生まれる
1990年3月　信州大学農学部園芸農学科卒業
1990年4月～1999年10月　長野県職員（農業改良普及員）、宇都宮大学大学院農学研究科（修士課程）、㈳食品需給研究センター（研究員）、大阪府立大学大学院農学研究科（博士課程）、黒瀬町職員（町史編さん専門員）等を経て
1999年11月～現職

大都市近郊の青果物流通

2010年6月25日　第1版第1刷発行

著　者　木村彰利
発行者　鶴見治彦
発行所　筑波書房
　　　　東京都新宿区神楽坂2－19 銀鈴会館
　　　　〒162－0825
　　　　電話03（3267）8599
　　　　郵便振替00150－3－39715
　　　　http://www.tsukuba-shobo.co.jp

定価は表紙に表示してあります

印刷／製本　平河工業社
©Akitoshi Kimura 2010 Printed in Japan
ISBN978-4-8119-0370-5 C3033